Thi Lyfe An Tyme's O An Enshoar Loon

Doric Scot's

by

Gordon Morrison

Bloomington, IN  Milton Keynes, UK

AuthorHouse™
1663 Liberty Drive, Suite 200
Bloomington, IN 47403
www.authorhouse.com
Phone: 1-800-839-8640

AuthorHouse™ UK Ltd.
500 Avebury Boulevard
Central Milton Keynes, MK9 2BE
www.authorhouse.co.uk
Phone: 08001974150

This book is a work of fiction. People, places, events, and situations are the product of the authors imagination. Any resemblance to actual persons, living or dead, or historical events, is purely coincidental.

© 2006 Gordon Morrison. All rights reserved.

No part of this book may be reproduced, stored in a retrieval system, or transmitted by any means without the written permission of the author.

First published by AuthorHouse 9/1/2006

ISBN: 1-4259-5539-8 (sc)

Printed in the United States of America
Bloomington, Indiana

This book is printed on acid-free paper.

INTRODUCTION

THIS BOOK CONTAIN'S, STORY'S AND POEM'S IN BODDAM DORIC, A FORM OF SCOT'S LANGUAGE, OF THE NORTH EAST COAST OF SCOTLAND. THE STORY'S ARE OF THE EXPERIENCE'S OF GORDON MORRISON IN THE INSHORE FISHING AND HIS HOME PORT OF BODDAM. BODDAM IS A SMALL FISHING VILLAGE ON THE BUCHAN COAST, THREE MILE'S SOUTH OF THE FISHING TOWN OF PETERHEAD, WHERE THERE ARE STILL SOME CRAB AND LOBSTER FISHING BOAT'S WORKING TO THIS DAY, IF YOU WANT CRAB OR LOBSTER, THEN BODDAM HARBOUR IS THE PLACE FOR YOU, WHY NOT PAY US A VISIT, WE ARE THIRTY MILE'S NORTH OF THE CITY OF ABERDEEN AND OUR VILLAGE IS STEEPED IN HISTORY OF THE HERRING FISHING, CRAB AND LOBSTER FISHING, SMUGGLING, SALVAGING WRECKED SHIPS AND EVEN HANGING A MONKEY. OUR HARBOUR WAS BUILT IN 1831 AND SUPPORTED 85 HERRING DRIFTER'S AND 13 CURING YARD'S AT THAT TIME. WE ALSO HAVE A BEAUTIFUL LIGHTHOUSE PAINTED RED AND WHITE AND BUILT BY THE FAMOUS SCOTTISH ENGINEER MR ROBERT STEVENSON IN 1827, IT WAS MADE AUTOMATIC IN 1988. THE LIGHTHOUSE SIT'S ON A SMALL ISLAND AT BODDAM WHICH BOAST'S TO BE THE MOST EASTERLY POINT IN SCOTLAND AND IS THE FIRST THING YOU SEE WHEN DRIVING ROUND THE CLIFF'S NORTH OF LONGHAVEN, IT'S BEAM OF LIGHT CAN BE SEEN 28 SEA MILE'S OUT. WHEN ENTERING THE SOUTH ENTERANCE TO BODDAM YOU WILL SEE THE RUIN'S OF BODDAM'S CASTLE, WHICH WAS THE 16th CENTUARY SEAT OF KEITH, THERE ARE STILL KEITH'S IN BODDAM TODAY, YOU MIGHT BUMP INTO ONE IN THE LOCAL HOTEL'S. EVERYONE'S WELCOME TO BODDAM. WE HAVE THREE HOTEL'S OR PUBS, FOR YOU TO STAY, EAT AND DRINK, THE SEAVIEW HOTEL, THE BUCHANESS HOTEL AND THE ROCKSLEY INN, WE USED TO HAVE FOUR BUT SADLY ONE WAS BURNT, THE REMAIN'S CAN STILL BE SEEN ACROSS FROM BODDAM CASTLE, OVER A LARGE GORGE CALLED THEIF'S LOUP. WE ALSO HAVE ANOTHER CASTLE IN BODDAM CALLED DODLIE'S CASTLE, WHY NOT ASK A BODDAMER ABOUT THIS ONE, BECAUSE IT IS ALSO STEEPED IN BODDAM HISTORY AND A LOT OF BODDAMER'S HAVE STAYED HERE. WE

ALSO HAVE SOME NICE WALK'S, ONE FROM BODDAM ALONG THE BACK OF THE POWER STATION TO SANDFORD BEACH WHERE YOU CAN TAKE YOUR DOG, AND HALF WAY ALONG, THE POWER STATION PUMP'S OUT WARM WATER AND THIS IS A GOOD PLACE TO CATCH SEA BASS OFF OF THE ROCK'S. THE OTHER WALK IS SOUTH PAST THE BODDAM CASTLE ALL THE WAY TO THE BULLER'S OF BUCHAN WITH STEEP CLIFF'S. AT THE BACK OF THIS BOOK ARE SOME USEFUL TRANSLATION'S SO YOU CAN CONVERSE WITH THE BODDAMER WHEN VISITING. OUR CLIFF'S ALSO HAVE ALL THE USUAL SEABIRD'S ASSOCIATED WITH THIS COAST, I.E. PUFFIN'S, RAZOR BILL'S, CORMORANT'S, SHAG'S, GILLIMUT'S, TERN'S, KITTIWAKE'S, KESTRAL'S, SKUA'S, ECT ECT, AND OF COURSE THE "SKURRY" MOST COMMEN. ANYWAY, ENJOY THE BOOK, HOPE YOU GET A LAUGH, AND WELCOME TO BODDAM.

Index

1) THI PEER CRAITER, STORY 1
2) LET ER BEE LICHT, STORY 4
3) PHOTO LICHTHOSE 8
4) BAGGY AN THI CHARM, STORY 9
5) THI CHARM PHOTO 14
6) AUL TAM SIMSON, SANG 15
7) THI RIPPER, POEM 16
8) THI SPRAY, STORY 17
9) SPRAY PHOTO 22
10) THI SPRAY, POEM 23
11) THI JYNER'S BAG, STORY 25
12) THI PEER PARTIN, POEM 27
13) THI SCROOTENEER'S, STORY 28
14) ER'S NAY PLAICE, STORY 29
15) THI SEA, POEM 35
16) THI SEA, PHOTO 36
17) THI FEESHERMIN 'O' THI YEER, STORY 37
18) THI FEESHERMIN O THI YEAR, PHOTO 42
19) DRESSED CRAIB, PHOTO 43
20) PARTIN FACTORY WURKERS, 001 44
21) FEISH QUIZ 45
22) THI WINTER DAWN, STORY 46
23) THI CREW BUS, STORY 50
24) MA DOG NELSON, POEM 53
25) PHOTO OF DOG 54
26) THI JONDREW EIT EIH BROCH, STORY 55
27) WINTER FUR ME, POEM 59
28) THI ANGLEESH LAD, STORY 60
29) PHOTO OF JONDEEN 63
30) THI THREE WHEELTER, STORY 64
31) THI THREE WHEELTER, POEM 69
32) THI DUNJIN, STORY 70
33) PHOTO OF EARLS LODGE 72
34) THI BINKEE, POEM 73

35)	JOE, STORY	74
36)	PHOTO OF PORT EARL	76
37)	ABOORD THI BONNIE LASS, STORY	77
38)	SMA BOAT'S LIVIN, POEMS	80
39)	THI GIPPER, STORY	82
40)	OPIN FIRE, POEM	85
41)	RONALD ON EIH MERMAID, PHOTO	87
42)	THI BEEM TRAWL, STORY	88
43)	FREEK WAIVE, STORY	93
44)	FREEK WAVE, poem	96
45)	MERMAID, PHOTO	97
46)	OTAMATIC PUMP, POEM	98
47)	BUD, STORY	99
48)	BEETLE, POEM	103
49)	JAWS, STORY	104
50)	LISA ANN BODDIM, PHOTO	107
51)	THI PAT, POEM	108
52)	THI SEA UNGLER'S, STORY	109
53)	CHIEF EN THI SEAWITH, PHOTO	112
54)	MA BRITHER DASIN, PHOTO	113
55)	TWA WHEELS, POEM	114
56)	CHUNSIN, STORY	115
57)	BALACLAVA BASIN BROCH, PHOTO	121
58)	LANG LIVE THI THISSUL, POEM	122
59)	BODDIMER, SANG	123
60)	BODDIMER, SANG 2	124
61)	DEAN DAM BOATIES, PHOTO	125
62)	SOME FEISH TRANSLATION'S	126
63)	NUMBER'S UP TO TWENTY	128
64)	SOME USEFUL TRANSLATION'S A – Z	129
65)	UNSERS TAE FEISH QUIZ	163

THI PEER CRAITER

A meyn fin a wis a bairn, aboot eicht or nine years aul, en aa et a thocht aboot wis thi hairber, the boaties an thi sea. Ma hero's wis lad's lyke Aik Don, Jim Don an oney lad et owned a boatie. Al niver forgait tryen siar tae get oot fur a sail, pesteren an priggen at em, jumpin aboord thi boaties fin thi caim ashore an helpen moor thim up an lan ther catch wither et be codlin's or partin's. Fit a majic feelin at wis. Thi smell's o thi sea jist gid straicht tae ma hairt. An fin ye wis doon abilow en a yawl a eest tae luv thi smell o thi tar, thi deisle an thi hait injine. A kin smell et aa jist noo evin fin am writin eis, majic memories. A meyn Jim Don wis een o ma greatest hero's an hee's yawl "The Trust". A wid spen maist o ma tyme watchen oot fur thi al Morris A Thoosen creepen doon thi hairber brae, an jist lyke a flee tae shyte a wid mak haist straicht fur thi Trust's berth. "Ye sikkin a han Jim?" "Far ye makken fur thi day?" al help ye louse her aff, a thoosen questions, a wis ass keen. Bit mair offin thin oney, Jim lyket tae set sail fur hee's favourite wreck hee's sail. So a offin wis turnt doon athoot tryen tae disappoint ma ower muckle. Evin thoo eis niver pet ma aff a wis shoor eff a perseveert anuff eit sum day a wid get lucky. Onywaiy a hung aboot thi hairber watchen thi Trust, phut,phut,phuten awa en tae thi distance, "Jist fit dreem's are maid o." Evin thoo she wis makken awa fae ma, eit wis still a bonnie seycht an soon cumen fae thi twa Cylinder Lister. A hung aboot thi hairber thi rest o thi day so a wid catch Jim fin he caim back ashore. A wid mak lynie's oot o al bit's a gut an twine fit wis lyin aboot, An offin ye wid find a sma hook ena. Fur bait a wid sumtyme's chap a limpet aff o a rock or crack oppin thi back o a ruddick an pick aff thi fin's, Nay bad bait sumtyme's, Bit the podlie's an geetie's cood be fussy sumtyme's, They wer fly craitters. Oney boaty eit wis moort up becaim a vessel tae fish aff o, En of coarse thi hid aa thi accootramints fur thi job i.e. A lowen maisser tae cut yer bait, A bucket tae keep yer catch alive, An we a bit o sun on yer back, We thi shelter o thi hairber, Eis wis thi place tae be fur oney loon. Thi boatie's maid a great platform, So's ye could leen ower an see thi bottam an aa thi beastie's doon air. Of coarse thi water hid tae be cleer, Meyn you Jim widna been awa tae thi ripper eff thi water wis fool. Lookin doon sumtyme's ye wid catch a flookie aff thi bottam, Or a greyndie or evin a peter McCaiy. Ye hid tae watch tikken a Peter aff o yer hook couse eff yea wisna canny he wid spike ye we een o hee's spine's an at's nay verra feyn. "Phut, phut, phut, phut," "Yahoo," A thocht, hair's Jim cumin back en, ye widna bileeve hoo quick thi tyme passes fin yer enjoyen yer sail.

Gordon Morrison

So a drap's athin quick, teem's ma catch ower thi syde, Geis thi boatie a quick sploosh doon, an zoomed up at trappie lyke a rippet saith. Makken straicht fur thi Trust's berth. A jump aboord tae cum across three box's full o prime Cod neer eis big eis ma sail, tails hingin oot ower thi box's. "Whit a sicht." Ther wis twa or thri great muckle, fit aye thocht wis big Podlies, bit of coarse fin a asked Jim he said "At's Coal Fish." "Far wis ye tae catch aat?" A asked, an Jim replyed, "Thi Fower Miler" Which wis famed tae be Jim's favourite wreck. "Are ye gan oot eih morn?" A asked, "Aye ef et's a chunce," Jim replyed. "Fit tyme?" A asked, "O aboot fower en eih morning." Jim replyed. Noo we me bein sae young an say keen, we aa thi excitment, a took eis tae meen eit aiy wis gettin ena. So up eih hairber brae a wint jumpen an skippen aa thi wuiy, an we wun airm doon an thi ither crossed bain ma back huddin on tae thi airm et wis hingin. This meyta seemed a strange style, bit at wis thi wuiy et Jim wid waak so we hem bein thi mannie, at wis thi theng tae dee. Oneywuiy, fin a got haim a lookit oot ma Ripper's eit a hid been maken an telt ma Mither an Faither et a wis gan awa tae sea et fower en eih mornen. An ma mither "Raachil" maid ma peece fur ma. A coodna sleep a wink aa nicht of coarse, so fin hauf past three caim roon, a wis waakint oneywuiy. A nippet doon tae thi skulery an maid ma flask a tae, pet ma peece an ma fishey's or Rippers en a bag an teen aff doon tae thi hairber. Eit wis freezen, a gail a ween an et wis pooren a rain eis weel. Bit eis didna deter ma we aa ma exitment en ma, plus a wis a hardy feeshermin, "A drappie a water niver hairm't naybudy," A thocht tae masel. Bit ov coarse fin a got tae thi hairber ther wis nay seyn o Jim an thi Trust wis moort et her berth. Jim hidna been daft anuff tae cum doon heer en a mornin lyke eiss, "A storm." A wis shaaken lyke a leef we thi cal peercen ween, an a wis getten drooket et eih saim tyme. Noo a looket roon aboot an ther wis an aul yawl ower aside thi Partin Factory, a wid say she hid been lyen on thi peer ower air fur a lang lang tyme, she wis aboot seventeen fit, a canna meyn her naim bit ye cood pet yer hail han throo atween her plunks. Fitiver, a jumpit en ower an got sum shelter fae thi storm evin thoo maist o thi water wis runnen throo her deck an gan doon thi back o ma neck. A opined ma flask an poort masel a cup a tae ti warm masel up an ait ma peece, brainwashen masel et oney meenet noo thi Morris wid be cumin doon thi hairber brae an us feesher lad's wid be setten sail. Bit of coarse thi trooth o thi maitter wis et eit wis ower coarse tae gin oot en ony yaul, "Aa bit av seen Jim oot en sum reely coarse day's" A thocht tae masel. Then a fell asleep. A wock up et aboot aliven a clock freezin an soket an brocken speereeted, a crawed oot o thi boatie an maid fur haim. Al niver furgait at day, et aiyweis stick's we ma, bit et niver pet ma aff tryen. An ov coarse Jim endid up taken ma oot en

2

Thi Lyfe An Tyme's O An Enshoar Loon

thi en, lot's a tyme's an ivery tyme wis majic. A learnt a lot aboot Jim an hee's canny nayter an ov coarse hee's Fower Mile Wreck. He hid a roller et his Ripper Line wid run throo so as nay tae weer on thi gunnel, an fin he rippet et maid a serten soon et ye wid ken fin he struck a fish. Fin aiy rippet fae a hatch up forrit a use tae watch em strik a feish an play hee's Ripper Line so as tae pet a feish on ivery hook, an maist tyme's he did. Ye cood niver beet him et eis he wis say canny at et. An a suppose at's thi wauy he probably prefert tae be hee's sail.

Onywuiy, al niver furgait ma trip's oot we Jim an thi "Trust." Jim eis a skipper ye felt a hunner per sint safe we, evin en thi coorsest a day's, Jim jist hid thi saim canny nayter. "Thanks Jim."

"LET ER BEE LICHT"

Ma faither thi "Chief," weis een o thi Boddim Lichthoose Keeper's, so eis, jist wurket oot fyne fur me, cus fin a weis a bairn, hee wid offin tak ma we em, doon tae thi lichthoose, on een o hee's sheyft's. A meyn eit weis aboot ten aclock eit nicht, fin we waaket doon taewards thi brig, noo eis weis thi middle 'o' winter an thi ween weis houlen, an we weis soaket cus o thi drivin rain, batteren heis. Eit weis freezen cal, an kreepee, cus thi rail's on thi brig weis makken a howlin fusslen soon. Eis maid me feert eis we crossed ower, an heeren thi waive's craashen ona thi rock's doon abilow, eis thi saat'y spray rippet entae eis, weel eit leest a hid ma da eit thi Sooth syde 'o' ma tae help shelter ma fae maist o eit. We fynaly maid eit across fyle hingin ontae wer hat's, ma da hid a hat lyke a Capten's an hee held ontae thi snoot 'o' eit fyle hee's ither haan held ontae me encaise a teen aff we thi ween. We weis throo thi gait's an entae thi lichthoose grun, an aa felt a bit saifer cus o thi big dyke roon aboot, bit still eis weis an island an en a big tyde, eit aat tyme thi sea fae North an Sooth wid cum thi gither, aneith thi brig. Evin eit aat tyme athein seemed tae be aulfarrent, an dark, cus their weis a lot 'a' pooer cut's, an we wid offin hay tae rely on cunnul's, tilly lump's, paraffin heeter's en ov coarse, oor fyne an cosy coal fyre. Fynally we reached thi hoose eit we weis gantae beyd en, fur thi nicht, got entae eit, pet on thi kittle an dryed oot. Noo, eis weis een o thi spleet new hoose's, theiy wer newlee biggit, so eis weis affa posh fur heis. Thi onley draa baak weis eit their weis nay coal fyre tae welcum yea, eit weis aw sintral heeten, fit weis fyne an warm, bit weis awfa dry fur yer throat, eif yea wisna yoost tae eit. Well aye jist haytet eit, cus a luved ma coal fyre. Oneywuiy, eit weis tyme tae gin up thi lichthoose, ivery three qwarter's 'o' an oor we hid tae gin up thi lichthoose tae dee aw thi jobbie's, eit kept er runnen. A meyn aye nicht ma da evin let ma licht thi licht, eit weis a tilly licht so a hidtae pet a suppie meyth on 'o' a tweeser's theing an licht eit up we a match, thein pet thi burrnen tweeser's ontae thi pype jist aneith thi tilly muntul, so's tae heet eit up. Eence yea thocht eit weis hait anuff, yea wid turn on thi tap eit fed thi tilly we compressed paraffin, an woo behold their weis licht, an fearsome bricht ena fur a tilly. Aye felt reely trikket eit aye hid lichtet thi beem, eit sheyn't oot ower thi sea tae keep aw thi boatie's saifer, "Majic." Fitiver, ma da unlokket thi lichthoose doar an en we wint, an startet wer assint up aw thi step's tae thi tap, yea hid tae hay a stronge pair a leg's fur eis job. Fyle aw thi ween an spray battert thi syde 'o' thi lichthoose waa's, bit eit felt saif an strong, weel biggit, thunk's tae, "Mr Stevenson." Ma leg's

4

weis en aginee fin we got tae thi tap, bit a felt eit weis wurthet, tae help aa thi mariner's oot eit sea. Eit thi tap we wid crunk a hunnul tae wynd up thi big waicht on a cheyn, cus eis furl't roon thi mukkul magnifyen glaisses eit sheyn't thi beem oot. Eis thi glaiss geid roon eit floatet en a vat a mercury. Aifter aat deen, we pumpit up thi preshure fur feedin thi tilly lump we paraffin, fyle en thi baakgroon yea cood heer, bleepin an buzzing, cummen fae thi wireless receever's. Aifter awthin checket, toppet up an polished, we wid heed baak doon tae thi grun tae hay a short braak an a cuppie a tae, afoar we hid tae clim baak up again, fur thi saim rooteen, we evin hid tae full tin's 'o' paraffin fae thi dunjin anneith thi lichthoose an cairry thim aw thi wuiy up, tae top up thi tilly lump. Their weis an ither granit building we wid gin ental, tae fyre up thi injin's eit wurket thi fog horn, fin er weis fog ov coarse. Al nivver furgait thi majic smell en eis building, thi smell o paraffin, eil, petrol an injin's. Now eis injin's wer big mukkul broot's, an a theink eit thi wer startet on pitril, an thein rein on paraffin, "Atlantic's" thi wer caad, an yea hid tae crunk thim up tae start em. Awthein weis kept jist spotless, their weis a gweed stoke 'o' brasso fur polyshen thi copper an brass, an ov coarse eis weis ayweis shynen, jist en caise 'o' an inspection fae thi tap brass. Oneywuiy, eis mukkul injin's pumpit up compressed air entae a big tunk we a gayge on eit fur thi preesher, eense thi preesher weis up anuff, shi weis set tae blaw thi fog horn on thi rock's tiward's thi blaak waa. "BOOOOOOOOOOOOOO!!" shi wid blast oot. Yea wid jump oot o yer skein eif yea weis next tel eit, fin eit gid aff, bit eif yea leisn't oot yea cood heer thi preesher rennin bain thi pype's jist afoar eit gid aff.

Thi Boddim Coo we eestae caa thi aul fog horn, thi peer horn weis blawed up, twa or thri yeer's aifter, eit teen 3 different blast's wee thi dynamite, afoar shi broke er baak, thi first twyse, shi lyftet up an jist sut baak doon again, so thi hid tae add mair explosive's tae feenesh er aff. A sad en, tae sik a faithful servint, shi shooda been left bee so's tae bicum pairt o a meeuseeim, aye thocht, saim wee thi building far her injin's weis, "Fit a shaim." Yeer's aifter eis, twa Boddim laad's, "Skim an Muskey," weis cullecten scrap tae seyl tae thi scrappy fur sum bawbee's, fin thi caim across aw thi clump's 'a' cast eiron, eit thi horn weis maid oot 'o'. So thi got a len 'o' Jock Simson's aul Majer Tracter an Bogie, an drove across thi brig an roon thi pathie roon thi ootsyde o thi dyke. Noo, eis weis a feit on eit's ain, cus sum bit's o thi fitpath weis narraer thin thi vehicul, an hid a fayer drap, tae thi feit o thi rock's. Bit eis laad's nae tae be beet, maid eit roon enspyte o eis. Eit leest eit weis day licht eis tyme roon, cus thi hid alreddy been roon thi nicht afoar pikkin up aw thi sma bit's eit thi cood maneyge, we torche's en haan's. An eis thi tracter weis gan up an doon ower thi rock's we eit's licht's on, sumbidee hid spotted thi licht's gan up an doon an thocht eit er weis a boat on 'o' thi rock's, so font thi Coastguard's an Bobby's, so thi gaive up aat nicht, aifter causen a ful scayle alert, feel broot's. Fitiver, aat wisna thi hauf o eit, fin thi got roon eis tyme en daylicht, maist o thi beit's 'o' cast weis aboot 3 hunner waicht, apiece. Skim hid a brainwayve, "A'l tak thi tracter richt ower an tye a cheyne ontae een o thi beit's an tow eit oot." "Go fur eit," Muskey say's. So we aat, Skim baaket thi tracter eis cloase tae thi clump a cast eis hee cood, an theiy tyed on thi cheyn. "Pet thi hunnul doon!!" Muskey roar's, eis Skim maid thi aul tracter reer richt up, we thi strain. Thi trouble weis, thi lump a metal weis jammt en 'o' thi baak o thi rock's. Thi cheyn weis bukkrem ticht, yea widda neer playd a choon on eit, bit Muskey, stannin nay far fae thi clump, notyst eit starten tae moov. Eit aat Skim geid thi aul mayjer mair wuiy, fin afoar Muskey cood rein tae siafty thi clump a cast, broke free an loupit throo mid air an landit on Muskey's feit. Skim heyrd thi sqweel's ower thi tap o thi tracter injin, an immediately shut et aff, an rein ower tae Muskey. Fyle Muskey weis steil groanen, theiy took hee's shoo an sock aff, an lyftet up hee's feit, an tae their shock aw Muskey's tae's weis hingin aff, thi wer onley held on be thi skin. Well at's hoo Muskey lost hee's tae's, a widna cair, bit aw their wurk jist acumulaitet tae fiftay twa powin, fit hid tae be split atween 3 laad's, appairently.

Thi lichthoose grun's weis handee fur heis, cus we hid a sma vejitable gairden ein aside thi helicopter laanen pad. Thi airth weis awfa gweed fur grouwen stuff an eit hid sum saan mixed en we eit. Noo, we groo, carret's, neep's, roobarb, peiy's an ither greeneree. Aye eestae luv chawen up thi raa peiy's straicht oot o thi pod's, "Majic." En ov coarse we wid tak wer veyg's haim tae Twa Seaview Road an ma mither "Raachil" wid mak a mukkul pot 'a' chukkin broth, en a Saiterdae nicht, fur wer Sundae dainner. Fit a majic smeyl ther wid be, cummen bain fae thi skulerie. Eis we crowdid roon thi coal fyre, watchen thi aul blaak an fight t.v. Thi onley draa baak we oor fyre, weis eit er weis nay radiater's pooerd aff 'o' eit, so we hid tae wurk paraffin heeter's, en thi skulrie an aw thi ither room's, apairt fae thi frunt room we thi tunk cubberd en eit, cus eit aat tyme thi hait water tunk wisnae laggit, so eis resulted en theis room beein birsulen hait, an at weis majic an coasee en thi winter, fur thi lucky lad eit sleepet en eit. Bit thi onley draa baak we aat weis eit fin thi tunk beylt, eit wid keep yea waakint, thi soon weid rummul throo thi hoose, an eif naybidee weis hayen a bath, we wid hay tae rein thi hait water tap so's tae rileev thi preesher, an boy's yea hid tae look oot an nay get burn't deein aat, cus 'o' aw thi steem splutteren oot 'o' thi tap, yea offin thocht thi tap weis gantae blaa cleen aff, fin eit veylinley shook, eis thi tunk rummult.

Thi Lyfe An Tyme's O An Enshoar Loon

    Thi "Chief," eense wurkit eis a keeper eit, Rattra Heed Lichthoose, an hee wid beyd aboord ere it a munth eit a tyme tae get aff an on thi licht, ov coarse cus o thi big tyde's wid allow eis tae happen, eense a munth. Their weis a trackter an bogie eit teen thi keeper's aff an on, bit eif eit weis reinnen layt, thi tyde wid rein en ass faist eit offin thi bogie wid be floaten, evin wee aw thi laad's aboord. Hee spint monnie a coorse stormy nicht aboord Rattra Licht, an ov coarse eense yea weis oot, yea weis oot air fur thi jooratien.

    Anither job eit ma da did ower thi yeer's apairt fae beein a Pinter tae traid, weis thi Meyshen mannie. Noo, eis weis majic fur mee, cus we wid offin get aboord new feishen boatie's trial tryp's, "Majic." Ma da, musta lyket weerin thi Captin's hat's cus thi onley difference eit aye nottesed wee eis hat's weis eit thi lichthoose een's hid a lichthoose ono thim an thi Meyshen Manie's een hid an unker, bit tae me, ma da weis a Skipper or a Captin. Aye offin feel saad eit thi passen 'o' tyme, an aw thi chaynge's, cus yea loss theis aul furrent tyme's eit aye lykit sae much, bit eit leest av steil got em aw lokket up en ma heed. Nooaday's ov coarse, awthein's otamatic, fit's seem's tae tak awa thi haan's on cunnectien we maan ashaor an maan eit sea, aat felt speshial tae me. Al niver furgait lichten thi Boddim Licht we a match, an cunnecten we thi Seafairer's. "Let Er Bee Licht," a weis learn't eit Alikie Jon's Sundae Sqweel, an fin aye struck aat match an fyrt up thi tilly, "Their weis licht an eit cood be seen fur myle's

Gordon Morrison

Boddam Lichthoose

"BAGGY AN THI CHARM"

Fin a weis a teenayger, a offen hung aboot we a gweed freen o meyn caad, "Baggy." Noo, Baggy weis thi saim aige eis masel, gee or tak a munth or twa, an we geid tae Boddim sqweel thi gither. An Baggy beyd we hee's grunnie an granda. Noo, hee's grunnie wid offen be sikken em tae gin tae thi shop's fur an eerin, bit naa naa, me an Baggy weis feeshermin an coodna be seen rinnen fur eerin's, we a weyfies bag ower wer shooder's. So Baggy wid offen lock thi sheydee door, fyle we weis ensyde melten leed fur wer ripper's, so's nay tae be disturbed. "Dayvideee, Dayvideee," shi wid roar, an we offin hid tay hyed doon aneith thi sheydee windae, eis hee's grunnie wid peer en looken fur Baggy. Oneywuiy, we weis melten leed aye day, en eis poky wee sheydee, an ov coarse thi doar weis lokket. Noo, thi leed weis nay awfa gweed tae poor sumtyme's, yea wid need a reel steydee haan fur eis job. So tae mak theing's eesyer we hid gottin a hud o an aul tae pot. Weel eit weis jist thi theing fur thi job, bit yea cood onley get wun poor afore thi spoot, cloggit up, so eit slowed eis doon a beit. Noo, pooren leed wid offen be a dainjereis job, cus appairt fae thi obveeous piesien eit we breathed en, eif ther weis oney sma drap's o water ensyde thi beit's 'a' leed eit yea weis melten, theiy wid explod an cum spirken oot at yea. So yea wid hay tae be reydee fur eis accurense happinen noo an en, bit en a poky we sheydee, yea hid nay wuiy tae run. Bit we thocht eit we wid be aw richt we wer tae pot, cus eit hid a lid on eit. Weel we thocht rang, eis yoosual, cus ther weis a mukkul explosion, fit shot thi tae pot lid, zoomin up tae thi reef, proseeden on throo thi reef, fyle Baggy's tryen tae unlock thi sheydee doar. Aw eit we cood see weis aw theis moulten leed fleein throo thi air, an we weis choaket we thi smoak, eit evin bloo oot eih gass, so we weis getten gassed eit this aim tyme, "Boy's a ken fit lyke aat, "Pompay" lad's felt lyke noo," a thocht. Fin Baggy fynaly managed tae oppin eih doar an we run oot eit wer hardest tae fresh air an saiftay. Eense we ricuvert fae thi shock o eis, we assessed thi damayge an shut aff thi gass afore aat michta blew up next. Weel we funnoot foo luckie we weis, cus wer gansee's hid dryed leed 'aa' ower thim an evin wer hair hid bit's, bit neen o eis weis hurtet. Ensyde thi sheydee reef weis aw clartet we dryed leed eisweel. "Waa waa bathie," fit a lucky pair a laad's we weis. Weel at weis thi eno, meltin leed fur aat day oneywuiy.

Noo, Baggy weis thi skipper o a boatie caad thi Charm, shi widda been aboot tweenty twa feit lang, an aye crooed we em. Bit we niver seemtae dee awfa weel, shi weis awfa slow, cus shi hid an awfa sma lister injin, an

Gordon Morrison

thi ull furrent gearbox eit a theink "Noah," musta creeaitet, wid offin stik enna geer, cus o eis cone eyedeea. Oneywuiy, we weis jist cummen en tae thi hairber eit Boddim aye day, an weis makken fur wer berth, awfa canny encaise shi jamm't ena geer. Noo, their weis a gweed breez a ween blawen eis awa fae wer berth, ivery tyme Baggy weis approtchen, fit maid eit wurse, Baggy's granda weis on eih peer looken doon watchen aw eis cairryon. So fin we fynally maid eit tae wer berth, on wer foarth attimt Baggy's granda roart doon, "Sum feeshermin yee ar, an yea canna dinaye eit," weel we aat, Baggy geid reed maad an thocht he wid get hee's ain baak on hee's granda so hee roart baak up, "Am nay gan tae dinnaye eit," weel ov coarse aye tried sair nay tae lauch, cus a seen foo mukkul ma skipper weis upseyt. Oneywuiy, thi next day weis bonnie, bit er weis a swall, an at didna bod ower weel, we heis haulin wer labster creels Sooth, bit thi hid tae be deen, fitiver. So Sooth we steem't tae wer first creel, doon abilow thi Earal's Lodge Hotel, an eno thi gutter o Theif's Loup. Eit weis a bit o a chaav cus o thi swall, bit we got er haul't an teen up a bonnie beestie, aboot three an a hauf pun. So we shot awa again an jist startet makken wer wuiy Sooth, fin eis peyntit rock roase up oot o thi sea, richt en frunt o wer stem. Baggy eit's thi sharpek," aye roar's, eis Baggy shuvved thi tiller haard tae starburd, so's tae peyn't wer stem oot tae port. An we jist mess't aat busk, be aboot twa feit. Aye roar's oot, "Sum feeshermin yoo are, an yea canna dinnaye eit!!" Weel Baggy, we toung stikken oot o thi syde o hee's moo, didna reply tae aat. We hid a creel eit thi lang busk, bit kennen heis, we michta ennit up smakken doon ona thi tap o eit an lossen wer lyfe's, so we jist leyft aat een fur anither day. We got neythein bit a hayvul oot o thi next three creel's, an eit weis getten geiy dodjee tae haul. Fyle steemen farrar Sooth, aye lookit aift tae see a stowie skimmen bain thi tap o thi waater an heeden straicht fur eis. "Baggy wer faant up," aye roar's, eis Baggy, wee toung stikken oot o thi syde o hee's moo, yarket thi injin oot a geer an shut doon eih throttul. Lukkuly anuff thi tow fae thi stowie weis jist catchet on thi feit o thi rudder an we manayged tae get eit aff we wer clip. "Weel aat's eih last straw, wer gaantae loass wer lyfe's," aye roart oot, eis Baggy furrult thi boatie roon an steem't fur thi hairber, nay sayen neithen. Thi next day weis affa bonnie, so we wint tae thi ripper. Ther weis ripport's a feish eit thi Houpee, jist Sooth o thi licht, an eit Jeenie Greev's oppinen. So at's far we geid, an fin we got air we noteyst Gordin Peeree weis air we hee's boatie thi "Saffren," an he weis haulen up feish. "Majic" a thocht, fyle rubbin ma haan's. Evin Baggy lookit trikket, we hee's toung eit thi syde o hee's moo. Weel, we shot awa wer ripper's richt ona thi markie, an struk feish richt awa, "Yaa hoo" a thocht, bit neythen iver seem't tae gin richt aboord thi Charm, so a didna wunt tae spik ower

Thi Lyfe An Tyme's O An Enshoar Loon

seen. Aifter wer therd scairse, sumthein seem't tae be pikken aff wer feish afore we manayged tae haul thim richt up. Weel a jist kint et, eit wisna gan tae be oor day, eis yoosual. An shoor anuff, ivery scairse, fin we weis hauf wuiy up we wer feish, thi lyne wid gin licht eis sumthin weis pikken aff thi feish. "Aa' bit en thi next scairse thi beest teen ower mukkul o a hud eis tyme, an hee weis heooket gweed an haard. Weel, aye lashed thi lyne tae thi gunnul, cus eit weis shotten oot, "Boy's a deer," eit weis towen wer boatie, an Gordin Peeree hid tae haul up an, steem oot o wer wuiy, so's nay tae cause a cullisien. "Eit canna be a selkee," a thocht, cus yea widduv seen em eit thi tap o thi waater, bit er weis nay seyn's o a seylkee aw day. Thein we thocht eit we must hay catchet an en o a fleet a creel's, bit naa naa, everee tyme we manayged tae haul en sum slaak, thi beest wid tow eis en a different dyrectien. We endit up hein oot ower fae thi Houpee an steil battlen we thi beest aboot an oor aifter. Til fynulee a manayged tae get ma big leed en ower thi gunnul, an aat mint eit er weis jist aboot a fuddim a gut tae go. So am hingin ontae eis, an a roar's tae Baggy, "Look oot ower thi syde an see fit eit eis!!" An Baggy reply's, "A'll need tae beyd eit thi helm, so yoo look oot ower." So fyle argeein aboot fae weis gaan tae steik ther heed oot ower, thi beest broak free an aye fell flat oot doon eih houl. Yea widna bileev, we didna loss a heook, bit thi boddim twa heook's weis straichint oot an their weis beit's a skein ona thim. Ken eis, tae eis day we dinna ken fit eit cooda been, a big Skait? A big Hallibit? Eiff onley een o eis hid poppet wer heed oot ower tae hay a look. Twa or thri weik's geid buiy, an we didna seem tae get mukkul feish ava. So drasteik meesher's wid hay tae bee teen. We hid a discussien aboot eis, an caim tae thi cuncloosien, eit Jim Don we thi "Trust" weis aye cummen ashoar we twa or three box's, iveree tyme he gid oot tae sea, so weel jist hay tae follie heim iveree tyme he geis oot. An aat's jist fit we did, iveree tyme Jim fyr't up thi Trust tae geang, Baggy wid fyre up thi Charm an we wid gein en pursoot, thi onley draabak weis eit oor boatie didna hay mukkul pooer, so we noat aw wer tyme tae keep tee. Weel, eis skeem wurket a treet, fariver Jim wint, we wid gin enna, an we struk feish iveree tyme. We weis landen gweed shotie's a Cod lyke naybudee's bisniss. Aa bit, eis weis tae cum tae a heed en jist three or fower day's o hot pursoot o thi Trust, cus Jim hid gotten fed up o eis caipper, an aye day fin we weis en pursoot, thi Trust slowed doon, an we started catchen up, Baggy say's "Fit's eih joker up tel?" Fyle theinken, we thi toung hingin oot o thi syde o hee's moo. "Aa dinna ken," aye say's "Bit shut doon thi throttle a bit so we dinna catch up." so at's fit Baggy did. Aa bit, Jim did thi saim theing, so we took eih boatie oot a geer an caim tae a stan steil. Hee's nay on a reck, eit aat bit," aye say's, an Baggy say's, "Aa thi joker's up tae sumthin." Wee aat, thi Trust turn't roon aboot, an startet steemen teward's heis, flaat oot, we thi reek taken oot o hee's funnul. So Baggy poppet thi Charm ena geer an we tried tae steem en thi oppeysit directien, we thi hunnul richt haim. Noo thi trubbul weis, thi Trust weis faar faister thin heis, so he weis catchen up faist, "Fit we gan tae dee noo?" Baggy say's, eis thi Trust weis getten cloaser. "Turn roon an steem oot ower a bit," aye roart, en panic. So eis Baggy turn't, say did Jim, an fitiver wuiy we geid, Jim weis richt eit wer starn. Thi Trust caim withen a futhem o oor starn, an we jist maneyged tae cleer em. "Hee's tryen tae rein eis ower," Baggy say's, eis we tried sair tae get awa. "Gein roon en a sircul," aye roar's, bit Jim turn't roon ina, an aw theis tyme Jim nivver looket wer wuiy, he jist keypt looken aift, bit feyn did we ken, eit Jim weis looken oot o thi corner o hee's een, makken on eit he didna see heis. "Qwik, turn roon thi ither wuiy," aye roar's. bit ov coarse Jim turn't ina. Noo, aifter aboot hauf an oor o eis pilaaver, Jim hid geen heis a gweed shaak up an diseydid eit he hid scairt eis anuff, an caim alongsyde an stoppet. "Yea sikken a sweetie?" Jim say's, fyle chukken ower a haanfae a sweeties, "Aye thunk's fur aat Jim," we said eit thi saim tyme. An Jim poppet thi Trust enna geer an steem't awa entae thi distense. Noo, eis left me an Baggy feelin giltee aboot follyen em, so aat pet a stop tae aat. Aye spoke tae Jim yeer's aifter aboot aat, an telt em eit he hid maid eis feel giltee aboot follyen em, an he's say's "Aye, weel eit wurket," an we hid a lauch. Aye Jim weis a fly broot an kint feyn fit he weis deein.

A pukkul a munth's aifter eis, Baggy hid diseydid tae tak a batch a laad's oot fur a sail ena thi Charm. So he loaded abudee aboord an fyr't er up an steem't oot o thi hairber. Noo, Baggy hid a job turnen cus aw eis laad's weis stinnen aift we em. He maneyged tay swing thi tiller tae thi port syde so's he cood turn Sooth tae gein throo thi gutter, bit aw eis laad's jist seem't tae surround em, an he coodna get thi tiller baak throo thi crowd tae straachen thi boatie oot, resultin en thi Charm rinnen richt onta a busk, jist ootsyde thi hairber, an tae mak maitter's wurse, thi tyde weis gan baak, so thi wer aw neep'd. Noo, eit thi saim tyme a lad weis waaken ben thi peer, an heyrd a qweat croakie veyse shouten, "Help, Help," thein thi lad musta cleert hee's throat an geid, "Couff, couff, **HELP!! HELP!!**" We aat thi lad raised thi alarm an got a hud o a laad caad Skim, an thi emediatly jumpit aboord thi, "Golden Star," a 27 feit lyfboat we a Bmc 3.8 injin eno eit. Noo, tae start eis injin Skim hidtae licht up a cloot soaket en deesul, an hud eit ower thi air entaik, so's eit wid get hait air an fyre up, lyke a cal start. Weel eit wurket fyne, an Skim teen thi Golden Star oot tae resque Baggy an hee's massive croo. Be eis tyme their weis a fayr crowd gaitheren tae watch thi specticul. Noo, er weis a loon caad, "Skipper" aboord thi Charm ena, an he hid strick't enstructien's fae hee's da, "Aik Don" nay tae

Thi Lyfe An Tyme's O An Enshoar Loon

geang oot en thi Charm. Thi busk eit thi wer marroond on, weis richt eit thi oot syde o thi ootmest Sooth breakwater, an eis weis aboot twinty feit high fae thim an eit weis affa steep we nay wuiy o climmen up eit. Bit fin sumbudee roart doon, "Hayr's Aik Don cummen," aat's aw eit noat fur Skipper en blin pannik tae tak tae hee's heel's an loup aff o thi Charm ontae theis peer, an rein richt up thi dyke tae thi tap lyke a munkee, an a'l tel yea tae theis day a canna futhim oot hoo he maneyged aat amaysin feet, "Waa waa bathie." Oneywuiy, Skim chukket ower a tow an sum o Baggy's crew tyde eit on. Noo, er weis a feersum pooer en thi Golden Star, cus eit hid a Larry Geerbox, reverse weisna nay eese, bit eif yea pet er entae a high forret geer, yea got thi full pooer o thi injin. So aifter a coupul a rug's aat eit, Skim hault Baggy's boat aff o thi busk, an teen er entae thi hairber, bit thi Charm weis a beit wurse fur thi weer aifter aat an leekit lyke a seeve, "Naythen eit a pukkul leed patches widna ceoor," say's Baggy. Fitiver, thi Charm weis saylt on tae a new skipper, anither Boddimer, "Bob Young," an aifter aat shi weis mair offin onna thi rock's thin shi weis afloat, bit thi biggist problim we thi Charm weis er gearbox lokken up fin yea didna expect eit. Roon aboot thi tyme o thi Baggy's busk eensidint, we pet a lang poal we a flag ono eit, dipicten Baggy's Busk, richt ona thi tap o thi busk, fur ither seafairer's tae be awayr o thi dainjer, plus their weis a sea shantee, sung aboot thi affair, caad, "Aul Tam Simson." Weel, aat's thi tail o Baggy an thi Charm, bit thi saad theing weis eit thi Charm met en we her fait washed up on thi beech eit Boddim hairber eno a storm, shi hid broke her mooren's an broke er baak, peer boatie, an shi hid a mukkul great hoal enno thi syde o er. Saad en tae a lot a memories o aat boatie.

Gordon Morrison

Thi charm

"A BODDIM SEA SHAANTEE"

"AUL TAM SIMSON"

OOOoo, AUL TAM SIMSON HID AN AWFA BONNIE BOAT,
AN AWFA BONNIE BOAT, AN AWFA BONNIE BOAT,
AUL TAM SIMSON HID AN AWFA BONNIE BOOOOAAAAT,
EIT LOOKET AWFA GWEED, BIT EIT WIDNA BYDE AFLOAT.

1) TAM SIMSON HID A LOON CAAD BAAAGGEE,
AN BAGGY TEEN EIS BOAT OOT TAE SEA,
BIT FIN BAGGY HUT A BUSK, EIT MAID THI HULL A HUSK,
AN NOO THI BOAT SINK'S INTAE THI SEA.

OOOoo, AUL TAM SIMSON HID AN AWFA BONNIE BOAT,
AN AWFA BONNIE BOAT, AN AWFA BONNIE BOAT,
AUL TAM SIMSON HID AN AWFA BONNIE BOOOOAAAAT,
EIT LOOKET AWFA GWEED, BIT EIT WIDNA BYDE AFLOAT.

2) NOO, SKIM GID OOT TAE HAUL BAGGY AFF THI BUSK,
CUS SKIM BRAVE LAAD EIS HEEEEee,
SKIM HAULT BAGGIE'S BOAT, AN EIT BIGUN TAE FLOAT,
THEIN EIT BIGUN TAE SINK EIT'S PLAIN TAE SEE.

OOOoo, AUL TAM SIMSON HID AN AWFA BONNIE BOAT,
AN AWFA BONNIE BOAT, AN AWFA BONNIE BOAT,
AUL TAM SIMSON HID AN AWFA BONNIE BOOOOAAAAT,
EIT LOOKET AWFA GWEED, BIT EIT WIDNA BYDE AFLOAT.

3) AYE DAY A MANNIE, CAIM DOON EIH ROOAAD,
TAE BUIY EIS BONNIE BOOAAAT,
O HEE MUST BE BINT, THEIN AGAIN HEE HIDNA KINT,
EIT THI BOAT WIDNA BEYD AFLOAT.

OOOoo, AUL TAM SIMSON HID AN AWFA BONNIE BOAT
AN AWFA BONNIE BOAT, AN AWFA BONNIE BOAT,
AUL TAM SIMSON HID AN AWFA BONNIE BOOOOAAAAT,
EIT LOOKET AWFA GWEED, BIT EIT WIDNA BYDE AFLOAT.

"THI RIPPER"

A walkin up it twa a clock
Gin doon an mak ma tae,
Ful ma flask, Look oot ma peice
It's a bonnie Ripper day,
Doon eih Hairber a boord ma boat
An start krunkin eih hunnle,
Furlin er faist, She tak's a hud
Thi reek tak's oot eih funnle,
Phut, Phut, Phut, Geyang's eih lister
Eis a steem er oot,
A scraip ,a fishy tae shine er up
An mak shoor she tak's athoot a doot,
A get oot tae ma grun
An line up ma mark,
An shot awa ma line
An noo an en, a gee er a yark,
Av striiket een, o at's fyne
Thi lyne rub's on ehi gunnel,
Eis aye haul er up
An thi boat et tak's a tummel,
Eis ma lyne geis entae a wup
A raid er oot, eis quick eis a can,
An haul ma feishy en ower
Bit a bit o ma lyne geis intae thi fan,
An gar's thi injin gin slower
Cus aye didna ken, bit a div ken noo,
Thi boatie geid entae geer
Thi lyne shot awa, oot ower eit did floo,
So a roar's oot, "Boy's a deer"
A stoppit thi injin, an grabbit thi clip,
An startet tae sort oot eiss meyss
A cut aw thi lyne, an tryed nay tae flip,
An pray'd fur tae gee ma sum grace
An shoor anuff athin caim fyne,
An thi rest o thi day eit gid gweed
An thi Codlin's a catched, thi coontet tae nine,
Fit a day, Fit a lyfe, Fit a feed.

THI SPRAY

We needed a bigger boaty, So me an ma brither Ronalt lookit roon aa thi sma fishen villages on eih North East Coast an endid up aye gan back tae a boaty en Peterheed, Fit kynea suitet wer budjet, En ither wurds fit we cood afoord. Noo eis boaty wis awfa bonnie tae heis, She wis 23 fit we a deck on er a sma dodger aift an a 3 cylinder lister injine. The trubble wis, She wis acyully biggit fur a sail. She curvit en fae thi stem doon tae thi keel a bitty lyke a Fyfie, An her starn cut awa en doon tae thi keel. She wis reel deep fur a boatie at size. Oneywaiy we fell fur her, So we squarrt up thi lad. A think he wis a Warder or Ex Warder bit am nae sure. We wis telt et thi spray hid been originally biggit fur sum hairber maister roon thi coast a bit. Well onywaiy we firet er up roon aside thi slip en Peterheed hairber an gradually steem't her throo thi peir's o thi hairber, Prood eis punsh we startet crossen thi baiy. Unbenown tae Ronalt cause he popet doon abilow, A faist rescue boaty we twa ootboard injine's caim beltin across thi baiy flat oot, An thi lad et thi helm o her wis looken back et hee's injine's fyle heeden straicht fur wer port side. Aiy roart at em an tried tae steer tae wer starboard side, Bit hem still looken aift struck eis we ass muckle foarse hee's boaty slid aboord oor broadside far Ronalt hid been stannin. At cowpit thi spray richt ower on her side, Thi only thing et stoppet hem fae gan richt ower thi deck, Wis hee's ootboard injine's fit catchet on wer side an braiket em. Aifter me roaren at thi lad fur nay looken oot an caasen a collision, hee's boatie slid back aff o thi spray. Thi lad caim alongside an appoligised, So thing's caamed doon a bit an we wint on wer separate wuiy's. So we wer steemen oot o thi breakwater an am tryen tae mak since o thi hail episode, Fin eit suddenly struck ma, Far's Ronalt? He wis stannen exactly en thi houl jist afore eis rescue boatie struck, An noo hee's nay wuiy tae be seen. Noo a skipper is nay supposed tae panic, Bit a shiver geid up ma speyn, "Far's ma brither?" A thocht, Av niver seen em since eis incident. So a shut doon thi throttle an teen er oot a gear, Scrammelt forret an roart doon thi haul, "Ronalt!! Ronalt!! Are ye aa richt?" Up popet Ronalt's heed looken startle't an he said "Fit's a dee?" So aiy say's "Did ye nae see fit happint eiy noo? Ye coda heen yer heed nocket aff, eff ye hid poppet up a curn meeneet's ago." Ronalt's reply's, "Fit div ye meen?" A ask's em "Did ye nay heer thi thump fin thi boatie keelt rich ower?" "Aye" he say's, "Bit a thocht eir wis a wave" "Gee ma strinth." A thocht tae masel. Aa hid tae explain tae Ronalt fit happint, Still tae eis day a canna suss oot fit wuiy Ronalt didna twig fit happint. Onywuiy eit wis feyn tae ken et hee's heed

Gordon Morrison

wis still on, Evin thoo a winnert aboot at. Well we berthet thi spray en wer haim port a Boddim an suffert thi usual third degree hassle o thi local fishermin we ther lawen maisser's oot, Stabbin thi boat tae see eif shi wis rotten or no. Fin finnen oot eit she wisna rotten, Thi spray hid tae run thi gauntlet o aboose, i.e. "At's nay a richt shaipet boat!" "She's awfa deep!" "She's ower narraa!""She's cut awa ower muckle forret!" "Aye she's jist a sail boat!" "She's nay a worken boat!" "She's narra!" "She's nay eece!" "She wisna built fur an injine!" Noo oney laad eit heis worket oot o a sma mindet hairber will relait tae aa this hassle. Bit et seen passes of coarse aifter ye hiv tae prove thi boat's aa richt an wurthie o berthen en thi hairber. Ye canna please abody a ken at, Bit a wis ass chuffed an prood o wer boatie, Eita a this usual shyte wint ower ma heid. A theink sum lad's feel insecure an feel thi hiv tae gin throo aa theis cairryon tae feel better, Jist lyke a richual a sippose. Bit en trooth thi richt feeshermin bypasses aa this shyte an jist get's on we hee's job, or let's an evin incourages onybudy else tae get on, Aifter aa, "Wer aa en thi saim boat!" Say tae spik. Onywuiy gan back tae thi spray, Aifter she wis moort up, We checket her ower an fun sum dammeyge tae her tap syde's an thi poolpit upforret. So aifter heis spennen aa theis bawbee's buyen her, She wis dammeyged goods. Me in Ronalt maid straicht fur Peterheed hairber toor, Ronalt geid en heis sail, Couse aiy weis ass reed mad, Et a widda maid thi problem wurse. Aifter Ronalt hid explained thi situation, Thi toor say's et thi hidna seen neythin. Bit thi font roon thi supply boat's en thi buiy an funnoot thi ship et theis rescue boat hid caim fae, Et wis envolved en theis ensident. We maid haist we wer three wheelt car roon tae thi North breakwater. Eence again aiy chose tae sit en eih car fyle "Ronalt" thi diplomatic een wint aboord eiss ship tae hae wurd's we thi capten. Thi capten didna deespeeoot theis eensident an offert heis five hunner powen cash or yee kin take is tae coort. So throo Ronalt's diplomatkness, We actseptet thi cash whitch en thi hinner end weis thi exact amount tae soart thi spray throo a reputable Peterheed carpenter. Thunk goodniss fur at oneywuiy. We wurket awa we thi spray aifter aat an tae heis she wis a gweed wurkboatie. She weis graet fur her size gan throo big moshean. Bit en a caam day because o her deep draucht she swung lyke a penjulim an maid work sairrer. A meyn aiy day we weis cummen ashore throo sinclers busk an enatween thi meukies, Fin she teen a tummle an a hail box a partens slid oot ower thi side. Noo eiff yer an enshore lad, Eiss eis a deesaster, "Aifter aa thi chawvin tae catch aat craibs!" So we hid tae steem her en a bit tae hay annuff draucht tae swing her roon so as nay tay strik at busk. An sail't baak thi wuiy we caim. Thi timmer croan box wis floaten upsyde's doon, "Aaaa" Disaster a roart! Eis we clippet thi box, Hault et aboord an turn't et thi richt wuiy up. Tae wer astonishment thi box wis

Thi Lyfe An Tyme's O An Enshoar Loon

steil ful o parten's, Ye widna ken oney wis missen. Because thi hid been aboord fur a fyle, Aa thi craib's hid settl't doon an gippet een anither an held tae thi shaip o thi box. At ov coarse maid wer day, Nay losses. Noo we wurket thi spray fur twa or thri yeer, An she servit eis weel. She wis thi boat et wi got wer biggest shotie en, An al niver furgait aat.

We wurket a hunner an fifty creels we her, Ten fleets o fifteen creels fur parten's "n" labsters. An as weel we wurket three fleets a cod or gill nets, We fower net's en a fleet. Well et wis a bonnie mornen, Flatta caam, Bit we a fair swall. Oneywuiy, We hid shot a fleet a net's et thi black shed's thi nicht afore. Thi black shed's wis a bit a grun eit sma boaties used tae catch feish ower thi year's, Eit's aboot twa or maybe three meyle aff Peterheed heed. Oneywuiy, We set sail tae get oot air fur thi slack water. Eit wis lait mornen fin we reechet thi grun. Tae oor surprise thi heather joy wis air, So tae shuv en tyme till thi slack water we wint along side tae see fit ther catch weis. Noo aboord thi heather joy weis twa great freen's o meyn i.e. The skipper weiss, "Aik Don", An thi croo weis "Aleckie John" ma aul sundae skool teacher, Fit maist deesint folk weis teachit wee. Happy tae see thim a speert fit ther catch wis. Aleck replyed, "Weel wee'v bin rippen oot heer aa mornen et baith syde's o yer net's an weev jist catched hauf a box a Robbie's. The smyl's on wer deyshe's wint glum, Couse of coarse twa expeereenced lad's heid been rippen heer aa mornen, Bain baith syde's o wer fleet a net's an aa thi kin cum up we eis Robbie's. We micht eis weel gin haim richt noo tae save eis work fur neithen. Oneywuiy, Thi tyde slakint aff an we teen a hud o thi north dan, Up caim wer unker feyn an easy, Ower easy eiy thocht. We kept haulen an caim tae thi bridle, Ronalt geid oot we a roar, "Kimmeer an see eis!!" Eit aat, eiy emediatly drappet thi tiller an nippet forret tae get thi best surprise o ma lyfe. Ther wis great muckle fight clumps a codlins streechen doon en tae thi depth's eis far eis yea cood see. "Yeee Haaaa," a roart, A coodna contain masel even tho thi heather joy wis alongside watchen eis. Thi feish wis rollen ower thi tap o thi hauler lyke great big bunches a graips an ivery codlin wis aboot twa an a hauf fit an as fat as ye get. Withen a few meeneet's wer deck's wis full, So aiy stuffed eis much net's an feish eis a cood fit, Doon abilow en eih houl. Still yee hawing, we kept haulen an thi codlin's kept cummen, A wis ass happy eit brocht teer's tae ma een. Aifter thi howl wis full a stappet eis much eis a cood ben thi syde's o thi dodger. We still hid aboot twa net's tae go an thi bounty wis still cummen aboord we coudna believe et. We wis runnen oot a room faist, Fin Aik roart ower "Will we tak a net aboord fur ye?" A wis ass happy a lost aa reasonable thinken an a roart back, "Naa at's a richt weel manage." Fyle noo an again gan oot we anither "Yee Hoo" Be thi tyme we got thi last o thi net's aboord ther wis a mountin a feish an net's on thi deck's, Wer boatie wis hardly afloat, Ye cood really feel thi waicht eit wis aboord her, An she wis tap hivvy. Aiy manage tae clim ower thi tap o thi feish an mak ma wuiy aift, Pet er en a geer an we jist teen wer tyme aa thi wuiy en, We thi heather joy along side keeping an eye in case we endid up, doon eit Dayvee John's. We got ashore saif an soon an startet thi lang prossess o raiden oot eih net's an gutten, Washen an boxen wer catch. Thunkfully we got a han fae a curn a lad's. Ther wis at muckle feish et ma brither, "Richert" wis gutten feish, Throwen thi feish awa an keepen thi gut's, "Feel broot."

Noo lucky fur us we hid shot anither fleet a net's eit thi black shed's afore we hault. Becouse ther becaim mass histeeria we aa this feish. Abudy wis raiden ower net's tae shot et thi shed's, Even lad's eit wis already shot fur thi next day wint oot tae haul their geer so as tae shot et thi shed's. Thi verra skurry's wis happy at day we aa thi gut's an liver's tae ait. Thi next problem eit we caim across wis hoo tae get aa this feish en tae thi toon couse eence thi wer aa boxed up ther wis thirty box's an of coarse at's gan tae tak eis a gweed puckle trip's bak an fore we wer three wheelt car, An she wisna awfa aible fur at. So we got ma faither doon we hee's hillmen hunter an a great big trailer et ma unkil hid. We loaded thi hail thirty box's aboord thi trailer pylt richt up lyke a dubble decker bus, Ther wis ass muckle weicht et eih clutch wis slippen aw thi wuiy up Burnie's Brae, An eence we got ower thi brae stoppen wis thi next problem. We manage tae get landit en eih market fitiver. Aik an Aleckie turnt up tae lan their hauf box a Robbie's an a coodna resist asken ef they needed lumper's. A jist got a glower fae thim bit thi wer happy fur us fitiver. Thi next day we fyert up wer injine an set sail tae thi shed's an we wisna on wer own. Ther wis a hail fleet a sma boatie's maken fur thi mark. Noo fin we got oot, "Boys a deer" ther wis booies an danns a ower thi place, "Whit a steer" Eit teen a fyle tae try an mak since o far athin wis, en far wer ain geer wis. Oneywuiy, We got hault an hid a verra gweed shot, Evin tho ther wisna say muckle eis thi day afore we coodna complain. Thi feish didna laist muckle langer aifter at, bit at least aa thi boaties got sum deesint big hauls. It's funny, We abudy gutten roon aboot thi hairber ther wis eis eil caim aff o thi liver's an a thi trapie's an thi piers wis clartet we cod liver eil. We offen wurket aff o thi Broch en eih winter an got sum good shot's jist ripen. Noo we didna hay an electric starter lyke maist fowk, So we wurket thi han crunker, An of coarse we thi frostie mornen's thi injine wis awfa stiff tae turn, Evin we thinner eil en er. So we teen et en turn's crunkin thi injin we thi compression aff til shi slackint a bit. En she wid fyre up nay buther. We aa this weer an teer ower thi winter an lack o richt maintenance eit catchet up on eis fin we wis back haim tae Boddim fur thi summer feishen. So of coarse thi cheyn snappet, Ther wis teeth missen fae thi sprocket's an we hid tae hit er we a haimmer tae get thi dog's tae tak a hud. Ov coarse we still hid tae gin tae thi sea. An we didna aye hay gweed feishen tae peiy fur aa eis. Mair offin thin oney et wis povertee. We endid up en sik a stait et a diseydid tae keil a rope aroon thi injin's forrit pully maken shoor et wis on thi richt wuiy ov coarse so as nay tae start en reverse. En we run thi rope up ontae thi pier. A got a curn lad's tae hud thi rope an run bent hi pier, Fyle I wurket thi compression doon on thi boat. Eit wurket a treet, Thi onley draa baak wis low water bit we cure't at we a langer tow, An eif ther wis nay han's gan aboot we wurket thi three wheelt car. Noo at's jist a snippet aboot lyfe on thi spray, me an Ronalt hid sum majic tyme's on er, Biggit fur a sail or no, Tae Heis shi weis wer pryde an joy.

Gordon Morrison

Thi Spray

"THI SPRAY POEM"

A hid a boaty caad thi Spray
She wis actualy build fur sail,
She gid ma pleesher monie a day
So ma story o her al tel,
We bocht er fae a Peterheed lad
An steemed her throo thi baiy,
Fin speeden ben a rescue boat
Nay watchen he did stary,
He struck thi Spray an caim aboord
Fin ma brither wis doon thi houl,
We stunned vice he squeeked, "Far am I moored?"
En of coarse I gid hem a scoul,
Yeeve bust ma plunks, Ye didna look
Yeel hay tae pey for at,
Yeeve nay excuse, At wis nay flook
Ye dirty bloody rat,
A shoutit Ronalt fae doon aneth
Yeev nearly wint tae yer grave,
Thi boat et struck, Cooda been yer death
Bit he thocht et wis a wave,
We moort er up fin we got er haim
She wis ma pride an joy,
She wis a bonnie boat an we kept er name
Fur me eit wis ship ahoy,
Her injin wis a lister
An she maid a bonnie soon,
Fin am haim a offen misster
She maid ma a happy loon,
Three pisten's an thirteen horse poor
Wis thi workhorse o at boat,
She wis verra good en fuel an oor
Bit thi smoke gid doon ma throat,
Fur heis she wis wer workboat
An thi winner o wer breed,
An at wis thi boat et a ayewis soat
An she did thi job indeed,
We wint tae haul wer net's et sea

Gordon Morrison

Black Sheds wis far we shot,
Bit fan oot air a boat caim tee
They said they hid catched "A" thi lot,
Aa mornen Aik, "N" Alecky wis oot
Baith syde's o wer net's they did rip,
hauf box a Robbie's Wis aa thi cood loot
Nay fish tae heis wis their tip,
Thi fish beein sma, An thi tyme they wer oot
Didna gee heis muckle hope,
So weytin fur thi tyde, Tae slacken tae noot
Wis a lang weyt an hard tae cope,
We startet tae haul, Thi unker aboord
An thi net's they seemed verra licht,
Bit ye widna bileeve, Ivery codlin we loored
Floatet up, an say big, Wit a sicht,
We full't aa thi howel, An maist o thi deck
Thi boat wis top hivvey, An low,
Al tak sum o yer catch shoutit al Eck
Bit tae me a hid room tae stow,
Ther wis big muckle swall, Fin thi shore we maid fur
Thi Heather Joy along wer port side,
Yeel niver be poor, Aik Don he did roar
We wis glaid o a help fae thi tyde.

"THI JYNER'S BAG"

Noo an en, eit weis roomer't eit me an Ronalt weis deein a bit 'A' poachen fur Reed Feish. Noo, a Reed Feish eis thi alias fur 'A' Sammen, cus 'o' eit's reed meet, beit ov coarse eit's skein eis silver. Oneywuiy, we hid gotten a hud 'o' 300 yards a Multi Mono Drift Net's an desydid tae gee eit a go. Noo, eif yea weis gan tae dee eis, eit micht be better tae peik a foggee day or a choppy day tae try an disguise thi floats eit thi tap o thi water. Well heis beein heis, we gid oot en a richt bonnie nicht an shot awa wer net's richt across thi tyde eit thi "Docters" jist aff Peterheed. Athein weis richt fur shotten, eit weis high water slack an thi Aib Tyde weis jist cummen on tae tak eis North. Eis wisna thi best a plaice's tae shot, cus o traffic cummen oot an en fae Peterheed Baiy. Bit, we hid a gweed look oot, an their weis neithein on thi go, an we figgert eit thi tyde weid taak eis far anuff North eis tae cum cleer o thi lain, be thi tyme a boat cum's on eih go. Thi reesin fur chunsen wer geer heer weis, a figgert eit eis weis thi aydeel spot, fur thi craitters sweemen roon eih coast tae cleer thi heed a laan eit steik's oot past thi Bloo Toon. An "Boy's a deer," we hidna evin run oot aw wer geer yet, fin er weis 'a' grait muckle splash eit thi Starn o thi boatie, noo we eis beein wer feirst tyme eit eis caipper, "Ahhem!!" We panicked encaise thi Spotter Plaine caim on eih go, plus we wid hay tae suss oot foo lang eit weis gan tae taak tae haul, wer geer bak aboord thi Spray. So we startet tae haul en wer geer be haan, "Fur thi luv a Tufty's Annie's," a roart, eis we hault en ower eis massive 33 pun Sammen, fit a craaker, eit's thi biggest craitter eit aye hid iver caim across. We picket er oot 'o' thi net an kept haulen an caim across a Grilsie eisweel. A Grilsie eis a young Sammen maybe tile it reeches aboot sax or sivven pun. Oneywuiy, eit teen aboot twintee meeneet's tae haul baak aw wer geer an stow eit, fyle hyden wer, bootee doon abillow. Aifter at weis undertaken, we steem't thi boatie fur Boddim, fit a bonnie summer's nicht eit weis. Thi sun weisna neer setten yet, so their weis nay hurry. So we got entae thi hairber an tyde up eit wer berth, "Sheesh!!" A say's tae Ronalt, awbuddee seem't tae be stairen at weis, lyke thi kint sumthein. Noo, eis weis prubablee thi paranoya setten en noo, so we deseyded tae gin up tae twa Seaview Road fur wer tae, cus eit weis empossable tae get thi feish oot ower eit at peyn't en tyme, their weis jist ower muckle fowk gan aboot, an wer big feish weis massive. Noo, Ronalt, hee, eest tae be a Jyner an wurket fur Tyler Brither's O Peterheed. So a thocht 'o' an idea, an say's, "Ronalt, grab yer jyner's bag," So Ronalt got hee's bag, we jumpit en ower thi three wheelter an nippet baak doon

25

tae thi hairber, "Boy's," weis er nay a crowd gaithert richt eit oor berth. "Richt," a say's "Weel hay tae play eis cool, Ronalt," Ronalt jist geid ma a glower eis usual, cus hee fyne kint eit, eit wid prubablee be hem eit's gan tae get thi feish throo thi curn lad's eit weis et wer berth. Oneywuiy, a drove thi three wheelter doon an stoppet alongsyde thi crowd eit wer berth. "Noo, Ronalt," a say's "Abuddee ken's yer a jyner, so gin aboord thi boatie wee yer jyner's bag, teem oot thi bag, start chappen fur a fyle, thein pet thi feish en thi bag an, "Bob's yer unkil," cum up thi trap an intae thi car." So, Ronalt jist looket aat ma an lauch't, bit gee hem hee's joo, awa ontae thi boat he wint, aw thi tyme beein watched be theis lad's on thi peer. Aye geis oot ower thi car an start's yappen tae thi lad's tae try an distract their attintien a bit, fin, "Bang!!, Bang!!, Bang!!, Bang!!," Caim fae thi boat's houl. "Fit's Ronalt deein doon air?" aye lad roar's oot, eis aw thi attintien fokest ontae thi boat, "Hee's sorten een 'o' thi bunk bed's," aye blurtet oot, "Bunk bed's? are yea gan awa fur a wick?" "O" 'A' aye, their awfa handee eif weer oot aw nicht eit thi net's bain eit thi Saan's a Neebra," a say's, an jist eit aat Ronalt poppet hee's heed up oot o thi houl, an awbuddee clocket em, "Yea wisna lang sorten up at bunk bed's," aye lad roart, jist eis Ronalt hault thi jyner's bag up oot o thi houl, weis thi feish nay ower big fur thi bag, "O ma heed," a thocht, thi jyner's bag weis ass streeched we thi linth o eis feish, eit Ronalt hid an awfa carry on getting eit shut richt, eit weis obvious eit sumthein weis up. Eit's eit tyme's lyke aat yea wish their weis a hole yea cood jump entel. Oneywuiy, Ronalt caim up an jumpit entae thi three wheelter qwick fyle thi lad's weis snicheren tae thimsail's, am jist aboot shoor thi musta kint. Fitiver we teen aff up thi road. Thi Grilsie maid a luvlee dainner thi next day fur weis, majic. An a bileeve at jyner's bag's steil got scail's en eit, tae theis day.

"THI PEER PARTIN"

Craalen ben eih caal boddim, looken fur a chaa,
A seemt tae aye gin sydwuiy's, we thi waicht o aye big claa.
A snappet aff ma ither een, fyle tryen tae get awa,
Fae thi ganglee legit sukkert feet, o an octipises jaa.
Feelen creppul an feelen feert, a didna feel sae weel,
Bit a got awa fae aat laad, so am nay say daft eis a feel.
On sayen aat, a weis pikket up, be a mukkul big faat seel,
A nippet hee's moo, we thi claa eit weis left, an hee draapet ma ontae a creel.
A smelt eih bait, an a looket en, boy's a coodna bileev fit a seen,
So a craalt en ower thi ee, an lannit en tap o ma freen.
"Outch," hee say's, "Bit yeer ower lait, cus eih bait's aw aiten deen,"
"An tae mak theing's wurse," hee say's tae me, "Wer trappet, aye wer teen."
Aye laad crakket, an say's wer doomed, ein aye say's dinna surmaiyse,
An jist eis eih wurd's caim oot o wer moo's, thi creel, eit startet tae ryse.
Up we a geid, an broak thi surface, tae see eiss qweer new sky's,
Fyle tryen tae breeth, we weis yarket oot, be twa legit qweer shaypet guiy's.
Een o eiss beest's, he pikket ma up, eis a tried tae gee em a nip,
Bit a coodna wurk ma claa onnay mair, cus eiss beest hid geen ma thi snip.
Ma baak leg dug en, deep entae hee's skin, eis hee pullt, eit hid geen em a rip,
Hee's rooint ma day, bit a hoap an a pray, eit av rooint hee's fleichenwell trip.
Nay gweed anuff tae sayl, hee say's, eiss crippul's fur eih pot,
So hee geid ma tae thi croo tae beyl, cus aat's fit hee hid soat.
An hee beylt ma up an chaad ma doon, eit's mee eit hee hid noat,
Bit en ma pain, o eit wisna en vain, cus ma shaal stuck entae hee's throat.

THI SCROOTENEER'S

    A dinna ken ef eis iver accured en oney ither hairber's roon eih coast, Bit et wid offen accur et Boddim. Eif fur instinse a different boatie wis bocht en tae thi fleet irrispective a fae hid bocht et, They hid tae meet thi standerds o thi "Scrooteneer's. Noo thi Scrooteneer's wisna an official bodee, Thi wid jist seemed tae happen or cum thi gither et eis tyme. Et wid start we a couple a lad's gloweren doon at eih boatie an whisperen tae themsails. Then aifter a fyle mair lad's wid turn up an form a gaitheren, Noo eis wisna jist oney gaitheren, Eis wis a gaitheren we an opinion an thi opinion of coarse widna be positive fur thi peer soul eit hid boacht thi boatie. Eence thi formed, Eis bicaim "Thi Scrooteneer's." An thi mair they scrootenized thi stronger thi opinion's bicaim. Noo thi lad on thi boatie wid get fed up o eis crowed along side hee's berth, Tellen hem fit tae dee an fit nay tae dee an fit wis aa wrang aboot thi boat, An get a bit flustert. So he wid louse her aff an heed fur thi beech tae scrub her bottom an get sum peece. Ov coarse eis wis richt far they wer sikken em, Trappet on thi beech we thi tyde gan baak. So thi gaitheren wid mak a B Line ben thi pier straicht fur thi shore. Oot cum's thi lowen maissers. Thi lad en eih boat begin's tae panik noo, So he pet's a rope ashore an tak's aff up thi raod. While thi gaitheren surround hee's boatie an start pouken ther knives atween thi plunk's supposidly tae fin oot hoo saft er timmer's eis, Thi offen dee mair damege tae thi boatie thin onything. Aifter aa that excitement, Thi gaitheren get's fed up an start's tae dwinnle awa an loss interest en thi lad's boatie, So thi boatie kin get peece tae settle en tae her new hairber. Ov coarse til thi next een cum's along. Et's a sad thing becouse eis scrootinizing skill's seem't tae hay tae be passed doon fae generatien tae generatien. Av seen masel verra neer getten drawn en telt, an hid tae pinsh masel. So let eis be a warnen tae ye eif yer thenkin a berthen a boatie et Boddim "Watch oot fur thi gaitheren," Haha.

"ER'S NAY PLAICE LYKE HAIM"

Fin a weis a teenaiger, a beyd en a caravaan a fyle, up eit Jock Simsen's up Stirlin Hyll. Jock hid a sma craftie we een or twa caravaan's an a pukkul chukin's, hee's wyfe an faimilay ayeweis welcomed ye intae their scullery fur a cuppie a tae an a shooder tae greet on, fit weis a gweed help fur a trubbl't teenaiger, ye ken fit lyke, fin yer aat aij. Jock's weis awfa handy eif ye coodna get oot tae sea eisweel, cus ye wid offin get a jobie fae em, maynen aul timmer feish box's, hee hid aw thi geer ein hee's shed's fur deein aat, aw thi different syze's a steik's aw cut tae thi syze tae feit thi broken box's, aw eit yee hid tae dee weis chap oot thi broken beit's an nail en a new beit, bit thi draa baak weis, eit got awfa boaren. Aik Don, an aul lad, ma skipper eit aat tyme, wid sumtyme's peik ma up we hee's gran fyte laada, an tak ma doon tae Boddim Hairber. Aik hid a 22 feit Creel Boatie caad thi Heather Joy, an we wurket a hunner an fifty creel's. Oneywuiy, on eis pertikular okaysein Aik pikket ma up, an aye hid a feersum hing-ower, "Aat wisna a gweed aydeea tae mix aat an thi sea," a thocht. Aik looket ma straicht en thi deysh an say's, "Ye aw richt now?" aye riplyed, "Nay reelee," "Haaw," Aik say's, en a surcastik keyna soon, eis we stoppet thi laada aside thi berth o thi Heather Joy. "Thunk eih Poap fur aat," a thocht eis a seen aw thi ither feeshermin stannen eit thi en o thi peer, cus fin yea seen aat, at mint eit weis a coorse day an thi wer weyten fur thi tyde tae turn tae see eif eit weis gan tae settle anuff tae get oot tae thi sea. "Weyl a hope no," a thocht eis a weis staggeren ben thi peer, steil under thi enflooinse. Noo, eis abudee weis discussen thi situation, eis sma, stooteish Glaisgae laad wakket ben thi peer roaren oot o emsayl aboot sumthin, we aat, abudee turn't roon an looket hee's wuiy, eis hee got cloaser, hee looket eit aw us an looket baak eit thi boat's, cus eit weis high water ye see, an eis lad seemed tae theink different . He shout's oot "Eit's a great theing they'v dun ye know," "That's prettea good ye know," aw thi tyme weer theinken "Fit's preetea good ye know?" Eit aat, hee roar's oot, "Lowering the pier's, yea prettea good," "Lowering the pier's for the fishermen to get off and on their boat's." Weel abudee jist resoomed their conversation, bit adden, aat lad entel eit ena, we a curn qweat lauch's so's nay tae let on eit we weis lauchen eit aat laad. Aifter aat eit weis cummen tae crunch tyme, tae diseyd wither we weis gan oot or nay. Noo, Aik weis a fly broot he wid ask yea tae mak a decision cunsernen thi boat, an fitiver yer unser wid be, yea kin't eit he hid ulreydee maid up hee's meyn aboot eit. So Aik say's tae ma, "Div yee theink eit's a chunse?" ov coarse aye wisna feelen great so aye replyed,

"Na, na, eit's nay a chunse Aleck!" He looke't at ma peelee wallie face, an smel't thi reekie fume's o alkahoal aff o ma, an said, "Haaw, aye eit's a chunse, a chunse fur thi Seaview Bar," We aat, mey een lichtet up, bit thein eit dawn't on ma, eit he weis beein surcastik. Eis we weis debaiten aboot gan oot, a boatie fyer't up an thi lad's weis petten on their eilskin's. Well at weis eit, eit didna matter how coorse eit weis, cus eense a boatie wint oot thein awbudee hid tae gin. So we pet aboord thi Monkfeish Heed's eit we hid gotten fae thi Parten Factory, Monk Heed's weis a gweed Partin Bait, cus eif yea coodna get oot fur twa or thri day's, eit wid laist a fyle an nay get chawed oot ower qwik. Eif thi craib's run oot a bait thein they seemed tae rub their baak's against thi creel netten an braak oot. Oot we gid, an eit wisna a gweed day fur me ava. We hid hault maist o fit we weis gan tae haul at day, fin Aik brocht thi boatie alongsyde eis fleet, noo thi booee weis jist aboot gan doon wee thi tyde, an Aik say's, "Weill we haul eis een?" ov coarse aye hid heen anuff, so aye say's, "Naw Alek, thi tyde's on noo," kennen exactly fit thi unser weis gan tae be. He looket aat ma yon wuiy an say's, "Auch, aye weel gee er a go," a theink hee weis jist deein eis fur coorsness cus a hid a hing ower. Oneywuiy, we got aw hault an landit eicht box's a Partin's, washed doon thi boatie, an Alek teen ma up tae hee's hoose. A hid pirket up a gweed bee noo, cus eit weis peiy day, an Aik weis taken ma up tae sqwar ma up. Noo, eis cood be anither ordeal cus Alek, kint fyne eit a weis affruntet tae ask fur bawbee's. Oneywuiy, we got entae thi scullery, Aik pet on thi kittil fyle aye weis yappen tae "Margit" Aik's wyfe. Aye lyket Margit shi weis a qweat wee craiter, bit shi ayeweis gid me a warm welcum. "Fit ye sayen thi day Mojo?" she say's, "Aye feel richt soary fur yoo Margit, hayen tae pet up we hem," a say's, shi reply's, "Eit leest fin hee's oot we yoo eit get's em oot aneith ma feet," "Aye a sippose aat," say's me, jist eis Alek caim baak entae thi room. "Fit's Mojo sayen maw?" Aik say's "Aw neithin much," say's Margit. So Aik poor't wer tae an evin fried up a Lemen soul en ruskaleen an sum haim maid cheyp's tae ma, 'o' aye weis fair chuff't, "Best theing aifter a chaw'v eit thi creel's," eit jist gid doon a treet. "Well at's a skipper eit ken's hoo tae look aifter hee's croo," a thocht, "A'l furgive em fur makken ma chaw'v we aat last fleet noo, majic." We feeneshed wer chaw an jist sut yappen, noo, aye startet fijiten, cus a weis sikken ma bawbee's, an fyne did Aik ken. Noo, jist aboot a yeer afoar eis, their weis twa or thri o us young loon's baid en a caravaan eit Smartie's, Main's 'o' Boddim. Noo, fin yea get a curn a loon's thi gither en a crowd, normally ye tend tae get a bit a buther a sum keyn. Oor buther weis eit we didna hay anuff bawbee's tae full wer moterbyke's we pitril, so we ennet up sooken aw thi pitril oot o car's en thi Village, an Aik Don's car weis een o thim. We got catched en thi en fae thi bobbie's an fyn't.

Thi Lyfe An Tyme's O An Enshoar Loon

Aifter aw aat, Aik jist brushed eit aside an furgave eis, bit eit aye stuck en hee's meynd, so wid offin weynd ma up aboot eit. So am steil fijiten aboot, fin Aik say's, "Fit's a dee ma loon?" Noo, me sikken tae say "Am siken ma bawbee's," bit a weis shaiy keyn eit aat aij, an didna lyke tae say. "Ye hingin on fur sumthein?" he say's. "Naw nay reelee," say's me. "Yea nay gan awa oot we yer pal's thi nicht?" say's Aik. "Aye, maybe laitter on, a say's. "Hiv ye pluntee bawbee's now?" Noo eit aat a say's, "No a henna," an Aik hayen a lauch tae hee's sayl, say's, "Yea anuff pitril, ar yea sikken sum bawbee's fur pitril?" ov coarse noo, a gid aw reed aboot thi gill's, an gid aw qweeat again. Aik say's, "Hair ye go look," eis he handed ower a waad a noat's. We aat a say's, "Cheereeoo," eis a nippet oot eih door eit ma hardest, aw excitet, an we a great mukkul smyle on ma deysh. Aye geid eit laldee aat nicht al tel yea, "Majic."

Jock caim entae thi caravaan aye day an say's eit he weis gan awa hee's holyday's fur a wick, an cood a look aifter thi plaice. "Yaahoo," a thocht, fyle tellen em, "O, aye nay buther ata Jock," so aat aw said an deen, thi day caim fur Jock an hee's family tae gin. Thi wer aw packet up an Jock say's tae ma, "Bihaive yersel noo," "Ov coarse a weil Jock, fan div a nay!!" eis Jock teen aff. Ken eis aye felt lyke, "Airchee," thi mannie emsail, at's mee, a thocht. A coupul a day's gid buiy an thi bawbee's hid run oot, bicuss theiy weis aw spint on drink. Fyle a weis soberen up a weis looken oot entae thi park's tae see eif a cood get oneythein tae ait, bit aw eit a cood see weis bayl's a stray. Nay tattie's? Nay neep's? Fit ar we gan tae dee? So a say's tae Danny, "Danny" weis beiyden we ma inna an ein thi saim pridicamint. Oneywuiy, a say's, "Danny, a theink aul maak soop. "Fit wee, yea neep? "We henna got neithin," Danny say's. So aye, still hing ower, gid oot an picket sum grass an stuff, an fin a weis petten aw thi ingreediant's entae a pan o waater, a roar's bain tae Danny, "O bit aye their eis pluntee food," an fair trikket we ma brainwaive a beyl't awthin up. Aifter aw ma wurk shaaken eih paan, a discuvert aifter taisten eit, thi idea wisna say gweed aifter aw, an flypet thi pan entae thi park. An eis a looket a seen a mappey, a roar's ben tae Danny, get yer beet's on, av seen wer dainer. So we loupet en o een o thi aul car's eit weis lyen aboot an maid fur thi park, far eit turn't oot eit er weis thoosin's a mappey's, ma moo weis wateren. Een o eis drove thi car roon thi bail's a straiy fyle thi ither een run aboot lyke a feel tryen tae catch, or evin rin ower a mappey fur wer dainner. Aifter hauf an oor a theis, we weis baith exastet an kint eit we weis fechten a loosen battle, an gaive up thi goast. Ma cousin, "Nabbie," turn't up an say's eit hee wid maak soop. Hee say's, "A'v got anuff tae buiy thi lintul's eif yoo kin get vegitabil's." So we aat we wint wer seperait wuiy's tae see fit we cood dee. Aye caim across Aik Don an telt em eit ma cousin weis awa tae maak soop.

31

So Aik gid ma an ingin an a bit o a neep oot o hee's hoose, beein thi keyna helpful laad eit hee weis. Weel gin up buiy Aleckie Jone's Aik say's an see eif we kin get yea a carret. We chappet, an Aleckie caim tae thi doar, Aik say's, "Mojo's makken soop, hiv yea got a carret fur em?" "A carret hee say's," "Eif eit's oneythein tae dee wee Mojo, ett'l en up en a disaster," Aleckie say's. "Hee's prubbably richt," a thocht tae masel. So Aleckie hid a raik an looket oot a coupul a carret's tae ma, an said "Meyn an saive sum fur me," surcastecly. A kint Aleckie awfa weel, cus hee yoosed tae hay hee's ain meetin's en a big timmer hut doon aside thi Bootcher's, an aye used tae gin tae hee's meetin's fin a weis a bairn. A meyn their weis a big beyler theing on thi staige an hee eastae stock eit up noo an en we coal or steik's, eit weis majic an yea fairly felt thi heet aff o eit. Aye lyket aat aul farrentness aboot thi plaice, eit feyl't lyke haim. Bit dar ye get oot a haan, cus ye wid en up sint up tae thi baak o thi haul, an eif ye weis a bairn, yea weel kin't eit ye wid be kleen rang eif yea got up tae nay gweed aifter aat, cus eis auller laad weid gee yea a fair skelp en eih baak o thi heed, "Boy's a deer," eit actually weis lyke haim fin a theink aboot eit.

Ov coarse Aleckie weis thi skipper o thi Primrose eisweel, shi widda been aboot a syventeen or aichteen fit yawlie, bit fur aw her syze shi weis a fyne sea boatie an aye hid thi pleesher a sailen in er masel. Oneywuiy, carret's, inginan an neep en haan, a got a ren baak up tae thi caravaan fae Aik. Ma cousin, Nabbie, weis alreadee air, so a geis em thi stuff an a great mukkul paan, an hee got on we thi job. "A maneyged tae hay anuff bawbee's fur twa big bag's a broth mix," say's Nabbie, "O at's fyne cus wer aw starving," a say's.

An "oor," geis buiy an a say's tae Nabbie, "Eis eit gan tae be lang?" so he say's, "Al gin ben an hay a look," "Fit thi," he say's, eis we aw rushed bain, "Fur thi luv a Tufty's Annie's," a roart, eis thi hail cooker weis cuvert en broth mix, an their seem't tae be an enless supply, errupten oot ower thi big pot. Tae maak maitter's wurse thi smell a burnen weis mingin. We looket eit Nabbie an say's, "A thocht yea cood maak soop!!" "Aye, bit a theink av maybe petten en ower mukkul broth mix," eis hee weis scoopen oot thi theik goo oot o thi pot. Noo, we kept teemen an teemen aat pot, aifter aat, an eit steil seemed tae ful up again. We didna ken fit tae dee, we aw thocht eif we weis steil eit wer maw's we widna hay neen o eis buther, a sippoase at's fit yea caa "Haim Seik." Steil starving, a noteys't a chucken peikken on thi soop eit we hid chucket oot, a thocht tae masel, "Soop?" "Chucken?" "Chucken Soop?" A loupet oot o thi caravaan doar, jist meis't thi chucken an landit flat on ma deysh entae thi soop eit weis lyen on eih grun, noo, fin a liftet ma heed, Nabbie an Danny weis rennin aboot tryen tae catch aat peer chucken ena. Weel we chaist et aw ower

Thi Lyfe An Tyme's O An Enshoar Loon

thi plaice bit cood wee catch eit, "Nay chunce!" eit weis ower qwick fur eis. "Maybee wer loasen wer strinth we starvayshen," a thocht eis a weis panniken. Thein a brainwaive caim ower ma, so a held a meeten. "We aw ken thi chucken seem's tae lyke thi soop," "Agreed?" "Aye" weis thi reply. Well weev steil got hauf a bottle a fuskee fae last nicht, so eif we poor thi fuskee ontae thi broth mix, eit micht ait et. So we did aat an hung on a fyle, peeren oot ahein thi curten's o thi caravaan. Weil, aifter hauf an oor thi chucken, tae oor delight, turn't up again. "Yaahoo," a roart, tae heeren **"SSHHHHISH"** "Am soarey, a got caireyt awa we thi preesher," a say's qweeatly. Well eis chucken jist maid a peig o hee's sail wee aat soop, an yea widna bileev eit, eit startet steyten aboot, bit eit weis steil aiten eit eis tyme, so we beyd wer tyme jist tae maak shoor wurk. "Go! Go! Go!" a roart eis thi caravaan doar burst opin we thi three o eis loupen oot. Ken eis their weis feather's fleein awuiy. Needless tae say we hid a majic supper, at least eit ful't a hoal.

Wer gweed paal Broosie turn't up we a great mukkul barrel a syder. "Yaahoo" a roart. We speert aat em faar eit caim fae, an hee say's, "Dinna ask!!" Noo, at's aw richt we hid heen a gweed feed, an noo wee need a gweed dreink. Bit thi onley theing eit we cood dee we eis barrel weis squirt eit entae wer moo's een eit a tyme, bit maist o fit yea got weis gass. Noo, aye tried sair tae dee sumthein we eis barrel, bit tae nay avail. Broosie pype's up, "Let me en aboot," eis he weis huddin een o Jock's haimmer's an, an aul scroodriver. So let em en aboot a did, so hee grabbit thi barrel, stuck thi scroodriver en thi tap o eit an let flee wee thi haimmer. **"FFIIIEEEEESSSHHH"** weis thi soon, fein thi barrel released maist o eit's contint's aw ower thi caravaan, enclooden us. "Yaaaaahooooo" we aw roart oot, eis thoo aw wer birthdae's hid caim eit eense. We liftet thi barrel an startet pooren syder entae pot's an pan's, cup's, bottle's, an jist fitiver weis availabil eit eih tyme. Whit a partey we hid aat nicht. A coupul a day's passed an ov coarse thi syder weis laang flat or eis tyme, bit we weis steil drinken eit doon lyke we weis en a dessert.

We hid a partey aw thoucht oot fur a coupul a day's tyme, an hid eenveytet a twa or thri fowk fae thi Toon, so aye weis theinken tae masel, fyle steil under thi enflooense yeel unnerstan. A looket roon aboot eih ensyde eih caravaan fyle suppen ma pan fae a flat syder, an diseyded, "Eis, eis nay plaice fur fowk tae cum teil!" a theink aul hay a renivatien, so aat a did. A got masel a haimmer oot o Jock's shed an guttet oot thi hail caravaan, fyle getten qweer look's fae awbudee. "Fit thi hayl yea deein?" thi say's. An aye say's, "Aye haav a dreem." "Aam gan tae transform eis plaise entae a richt paad tae bee prood 'o'." So aifter a guttet oot aw thi waa's an fittin's an flypet em entae thi park thi caravaan weis "Bair." "Fit

33

Gordon Morrison

yea gan tae dee noo?" sumbudee roart, sitten en thi soaken weet syder curpet. "Ahaa," a say's, eis a brocht roon a pyle a bonnie new steik's an nail's fae Jock's shed. "Aat's eih timmer fur meynen thi feish box's," "Aye" a say's, "En er's pluntee mair far aat caim fae." So aye get's tae wurk an transformed thi caravaan entae ma ain style. Fowk deid winner fit wuiy aw ma waa's hid sma bit's a timmer awwuiy, bit eit weis a mayster peese tae mee.

We weis gaan tae hay a deisko, so aye heid tae pet up flawshen licht's. Thi problim weis a coodna afoord aat, so a imprivysed, an pet moterbyke endicater's an a tail licht roon aboot eih corner's o thi waa. A wyert thim up tae a car battery an a indicater unit tae maak thim flash, bit aat didna seem richt, so a maid up a cuntraptien we an aul casset recorder, an fin a hid awthein weyert up, fin a switched on thi casset, eit turn't a bit a tinfoyle, fit en turn wid connect thi power tae thi licht's an flash lyke eit weis en tyme tae thi meeooseek. Eit wurket a treet, "Majic," jist en tyme fur wer paartey. Thi partey gid weel an sum o eis ended up ootsyde maaken a bondie we thi reminent's o thi ensyde's o thi caravaan, an eis lad he plaid a geetaar an sung, eit weis awfa gweed, "Dirtie,"weis hee's naim, he drove a Suzukee GT 185 twa stroke. An ov coarse aye weis a dab haan we thi Jew's Hairp, a lyket thi Jew's Hairp cus eit weis thi onley eenstrumint eit aa cood play. Oneywuiy, thi day's past, an Jock caim haim. Hee caim roon buiy tae see fit lyke a weis deein. Noo, fin he first caim entae thi caravaan he geid aw qweeat an aye thocht, "Awthein seem's tae be aw richt," bit weis aat nay farrer awa fae thi trooth thein fit aye thocht, a dinna theink eit Jock apreesheeaitet ma modificayshein's 'o' teenaige art daycoar, cus ov coarse, hee geid feel an caad me iveree naim yee cood theink o, anneith thi sun. Aye, beein sober or eis tyme, hid nay mair adee thein pet ma heed doon we shaim. Fit maid maitter's wurse fur ma, Jock chucket ma oot, an a hid nay mair adee thin heed fur haim, tae ma mither Raachil. "A thocht yea weis leevin thi neist?" say's Raachil, "Ken eis," a say's, "Av meiss't ye ass mukkul eit a hid tae cum haim." Hopen aw thi tyme shi widna finoot. Well al jist leev ye wee a thocht, "Ther's nay plaice lyke haim, an ov coarse yer maw's cooken."

THI SEA

Thi sea is green, Thi sea is gray
Thi sea's fur wurk, Eis weel is play,
Thi sea is dull, Thi sea is bricht
Thi sea is bonnie, In a fine summer's nicht,
Thi sea is coorse, Thi sea is caam
Cums en lyke a lion, An oot like a laam,
Thi sea is strange an often weired
Tae be respectet, Eis weel is feered,
Thi sea is weet, Thi sea is cal
Thi sea is young, Bit, It is aal,
Thi sea is strong, Thi sea is ruff
It's maid o satty, Wattry stuff,
Thi sea is fool, Thi sea is cleer
It kin be peace, It kin be feer,
Thi sea changes, Ivery day
It geis ye wave's, It gies ye spray,
Thi sea is low, It kin be high
Awa hein oot, It kin reech thi sky,
Thi sea thrust's it's sel on thi shore
It kin be excitin, Bit niver a bore,
Thi sea's yer enemy, Thi sea's yer freen
It kin swally hail boat's, Niver tae be seen,
Thi sea is flat, Thi sea is steep
It kin be shalla, Or it kin be deep,
Thi sea is silent, Thi sea is vast
It huds strange secret's, Fae thi past,
Thi sea is cleer, Thi sea is pure
Thi sea is clean, Bit am nay sae sure,
Thi sea's pullootit we stuff cad eil
Thi slick's float on, Mile aifter mile,
Thi sea's full o cemicles, cumin oot o thi soor
It's killin marine life, Oor aifter oor,
We kin a see fit's rang, Bit we canna be telt
Thing's left tae happen, Because ther nay felt.

Gordon Morrison

Thi Sea

"THI FEESHERMIN 'O' THI YEER"

Me an ma aulest brither "Dassin" deseyded tae try wer haan's eit dressed craib, cus ma mither "Raachil," eest tae wurk doon eit thi Parten Factory, eit Boddim Hairber, so she learn't heis aw aboot eit, i.e fit tae dee an fit nay tee dee. Raachil weis a richt dab haan eit eih dreesed craib, so we weis learn't fae a gweed teacher. So we got a shot o ma gweed freen "Aik Don's" sma factory eit thi baak o thi Chipper. Noo, eis vincher didna laist verra lang cus o lak a fund's an nay anuff sail's, bit eit leest we gid eit a go, an noo wer baith dab haan's eit thi dressed craib. Oneywuiy, across fae wer sma factory weis a big hoose, far an aul wifie beyd caad, "Bella Mairy." Noo, Bella caim oot aye day we a bucket, an slooshed eit ower aside oor drain, fyle Dassin weis looken oot o thi windae. So, Dassin roar's bain tae ma, "A hope at's nay fit a theink eit eis," eis he looket oot eih doar, "Eit eis, eit eis fit a thocht eit weis," he roar's fyle couken an tryen nay tae spew. Noo, aye weis couken jist eit thi thocht, cus evin thoo Bella's hoose weis massive their weis nay lavee, so ye kin amagine eit eiss weis thi result. Dassin bless hee's sowl, gid oot an hoased eit awa qwick afore oney 'o' oor custimer's spottet eit. Noo, eis bicaim a meestery tae heis, cus Bella hid been beyden en eis hoose, eis lang eis we cood meyn. So ivery day fin we weis chappen awa eit eih parten tae's, Dassin wid hay a lookie oot o thi windae. Dassin say's tae ma, "Ye ken eiss, shi geis entae thi shed eit thi syde o her hoose eit thi saim tyme ivery day, thein shi cum's oot we a bucket, aifter aboot ten meeneet's, an geis up thi clossie eit thi baak 'o' thi hoose?" So aye say's, "Boy's at's qweer at noo!" Noo, curyositee hid gotten tae Dassin or eiss tyme, an eit weis aitten awa eit em, so he say's, "Fin shi cum's baak, am gan tae hay a lookie up thi close." An troo tae hee's wurd, Dassin nippet up thi claosie, fyle aw theis tyme, aye hid stoppet fit aye weis deein an weis peeren oot o thi windae tae see fit weis gan tae cum oot 'o' eiss meestery. Aifter a few meeneet's 'a' see's Dassin, we a peoor fight faice, couken, fyle rinnen toward's thi factory doar. He burst en an startet scrubbing hee's haan's. Aye say's tel em, "Fit's a dee?" An aifter hee caam't doon a beit, he telt ma eit fin hee caim oot thi ither ain 'o' thi cloase their weis an aul hoose, "B Aichteen" we nay roof or windae's en 'o' eit, so Dassin throo curiosity lookit en throo thi windae fyle leenen on thi sill we baith haan's, noo, hee notyst a hayl pyle 'a' shyte cummen fae thi fleer an sloapen aw thi wuiy up tae thi sill, an evin ower thi sill, richt far hee's haan's weis. Well, aat's aw eit noat fur me tae burst entae lauchter, ma syde's weis sair we em. Oneywuiy, thi mistery weis solved so we cood get on we wer job. Thi fone rung so Dassin nippet ower, aw excitet tae unser eit, fyle sayen, "Weev maybe got a custumer!" So fyle hee's on thi fone, hee roar's ower tae me sayen er's a lad fae Bunkery sikken eis tae gin up tel em we twa dreesed craib's. Noo, we met eis lad fyle geein oot free sample's tae thi hotel's, he weis a little plampish keyna lad eit owned a hotel, oneywuiy, aye say's tae Dassin, "Yeel hay tae tel thi lad eit we canna gin aw thi wuiy tae Bunkery we twa dreesed craib eit £1.50 each, we wid hay tae spen oot a tenner a pitril tae get £3.00 baak, an at's nay eese." So fin Dassin explained eis tae thi lad, thi lad geid feel, cursen an sweeren an sayen, "You don't mess with Royaal Deeside, if I give you an ooadaa you will deliver it!!" So fin Dassin telt ma aat, thi steem weis takkin oot o ma lug's, an aye weis aw fur gan up we thi twa craib's an deliveren thim doon thi lad's throat, bit Dassin throo better jugemint explained eit we canna dee aat tae thi custumer's. So we jist hid tae leeve theing's eit aat. A wick aifter eis insidint, fyle haanin oot free sample's, we caim across eis big posh hotel eit Deesyde, an Dassin hid been explainen thi insidint tae eis wifie, an thi wifie say's tae Dassin, "Ooow the slymee toad." Bit eit jist show's yea eit their eis sum fowk oot air we sinse en thim.

A Sailsmin caim entae wer factory wun day we a sma vacyoom paaken masheen. So me an Dassin weis hayen a glower at eit, fin thi lad asket wer naim's, so Dassin say's, fyle shaken thi laad's haan, "Am Dassin Morrison," noo, fur sum strainge reason thi lad weis paiyen mair attintien tae hee's cuntraptien an got aw cunfuchlt we wer naim's, an startet caaen me "Mansin an Dassin, Dansin." Noo, we tried sair tae pet thi lad straicht on eis matter, bit hee widna hay neen 'o' eit, hee weis ower buissy tryen tae get a sale. So, heis tryen tae keep a straicht faice, an makken on eit we weis lauchen eit thi lad's joke's hid nay mair adee an jist except wer new tytal's. Oneywuiy, we stuck en a dressed craib entae theis cuntraptien an eit jist gid, **"SPLAAT!!"** whit a raid up, so wee say's, "Och at's nay eese," bit boy's a deer, try an explain aat tae eis lad. Oneywuiy, aifter a coupul a oor's hee fynally got thi messeyge eit Mansin an Dansin wisna maid 'o' bawbee's.

Noo, aifter eis storie reached thi Seaview Bar, abudee hid a feel day, caaen heis Mansin an Dansin. Thi feishen exibitien weis jist aboot on eis, an eit weis doon eit Glaisgae eis yeer. Noo, an aul lad fae Boddim hid wun thi feeshermin 'o' thi yeer award, an thi prize weis tae beyd en a hotel fur a nicht en Glaisgae, an bee thi guest 'o' onner eit a Caberray nicht we a meel layed on an awthein, plus twa caises 'a' Fower Bell's Rum, "majic." Noo, eit so happin't eit thi aul lad wisna able tae gin, so hee approached heis tae see eif we weis sikkin tae gin fur em. Ov coarse me an Dassin jumpit eit thi chunce, an awthein weis laid on fur thi Morresin brither's fae Boddim.

Thi Lyfe An Tyme's O An Enshoar Loon

"Yaahoo, Glaisgae heer we go!!" a thocht tae masel. Fin thi day caim tae gin, Dassin hid ither cummetmint's, so anither lad caad Zoink stood en fur em, bit Zoink hid tae gin eis Dassin or Dansin, 'o' ma heed, eis, eis getten cunfusen noo. Oneywuiy, Zoink hid a car so at wis handee, so awa we wint tae Glaisgae. Fin we got doon, we parket thi vehicle an wint entae thi exibitien immediately makken fur thi bar, first stop. Thein aifter refreshed we hid a lookee roon, cus aye jist luvved tae see aw thi stuff eit er weis fur sma boatie's. Noo, afoar ye got entae thi exibitien yea hid tae full up a form, an eif yea pet doon eit yea weis a skipper, yea got a wee badjee we V.I.P. ritten on 'o' eit, fit caim en awfa handee cus aw thi sayle's min weis taken ma en aboot tae their stallie's an fullen ma up we fusskee an rum, eit weis majic. Oneywuiy, we fynally got tae thi fower bell's rum stall, cus eit weis theim eit weis runnen eiss feeshermin o thi yeer theing. So a lad teen wer fota's fyle Zoink got tae hud ontae thi bottle a rum. Noo, aifter thi fota's, thi lad qwickly grabbit thi bottle oot 'a' Zoink's haan, sayen, "I'm sorry Mr Dansin, we reeseeved spesifik instruction's not to hand over the caises of rum to you and Mansin, we wer told to send theim on separately." Aye pypet up sayen, "Bit eittle be qwikker fur heis taken thi rum haim en 'o' thi car," bit thi lad widna hay neen 'o' eit. Aifter thi exibitien me an Dansin, a meen me an Zoink geid baak tae wer faansee hotel, an "Boy's a deer," fansee eit weis. Thi first an maist important theing we did fin we got tae wer room, weis teem thi mini bar doon wer throat's an refull thi bottle's we water an cal tae. Thain we lokket up an heedid fur thi bar. Aifter aat we got aw funsee riggit oot fur wer Caberay, aifter aw, we weis thi guest's 'o' onner. Oneywuiy, wer taxi drappet heis aff eit eih doo an we jeyn't thi lang lyne a fowk tryen tae get en, fyle weyten fur thi fower bell's wifie tae turn up we wer tikket's. Zoink say's tae ma, "Weer gan tae be rang heer." Eis we got cloaser tae thi doarmin, an steil nay syne's o wer wifie. We weis jist aboot tae reech thi doarmin, fin aye panniked an swappet plaice's we Zoink so's he weis feirst. Thi doarmin say's, "Tikket's please," an peer Zoink hid tae explain eit we weis thi guest's 'a' onner, well fit an affront, thi doarmin widna hay neen 'o' eit, roaren oot en frunt o abudee, **"WELL I THOUGHT I HAD HEARD THEM ALL, BUT THAT ONE I HADDN'T, eif yoo'v no tikket's thein cash up front."** Noo, we weis baith skint an a theink eit weis aboot eichty powin a ticket, an be theis tyme abudee weis stairen at eis an yappen aboot eis, thein eih doarmin hault eis aside tae stan, we awbudee stairen aat weis, ye ken eis, we weis blaak affruntit.

A fylee aifter thi wifie turn't up we wer tikket's an explained awthin, so we got an appolijee an a free dram. Eense en, we weis showen tae wer seet's eit a taible richt eit eih frunt aside thi staige, an boy's, their weis bottle's a wyne, reed an fyte an twa or thri bottle's a fower bell's rum, so aye jist say's thi rum'l dee fur me. Noo, "Boy's a deer," their weis heep's a different speen's an furk's an nyfe's, cus eit weis aboot a ten coorse meel, "majic." Fyle sitten weyten fur thi next coorse, bagpype's startet playen, an aye jist luv tae heer eih pype's, so en marches eis pyper, we twa sheif's eit thi baak o em cairryen a hauf o a coo, cloasley folly't be a drummer. So, eiss prossesien wis marchen roon aboot eih taible's an heeden oor wuiy we a great mukkul spot licht on thim an steem risen up aff o thi coo, eit smelt majic. Wid yea bileeve eit eih prosessien caim richt up an stoppet richt next tae me, a thocht, "Boy's a deer, fit's happenen?" An jist eit at, thi spot licht geid richt ontae ma, a coodna see a theing. Noo, thi pyper an drummer weis steil playen, richt aside ma lug, so a weis noo deef eisweel eis blin, an cunfeyoosed eit aw thi attintien. Thein thi pype's an drum's stoppet an awthein geid qweyat. Thi shef lad's hid carvit a chunk o eis luvlee beef aff an plappet eit doon ontae ma plait, an awbudee weis jist stairren eit ma. Thunk gweedness fur Zoink, cus he geid ma a nudge an say's, "Yeer supposed tae chaw a bit an tel thi shef's eit eit's gweed." So aye cut's a bit aff an try's tae chaw eit, bit thi trouble weis a hidna nay tap teesh, so eit weis affa gweed bit jist a beit chooch fur me a sya's, steil chawen awa at eit, "Boy's" abudee clappet an thi pyper an drummer startet up again an thi hail sheeten match teen aff again, well at weis a qweer expeereence fur me, bit aye injoy't eit fur aw aat. So wer seitten eit thi taible, fin thi big spot licht sheyn't ontae ma again, an a lad yappen oot o 'a' loud spikker, say's, "We welcome thi Morrison brother's, Manson and Danson, as our guest's of Honour." So we aat me an Zoink hid tae stan up an tak a bow, tae thi crowd. Noo, a hauf oor geis buiy, an thi meuseek wis blairen oot, fin a luvlee beit a stuff, caim up tae ma, an say's, "Excuse me meyster, but are you Dansin?" Ov coarse aye jump's eit eih chunse, an say's, "Are yea asken? "Ov coarse im asking, are you deaf or sumthing?" she reply's. So aye say's, "Weel eif yeer askin, thin am Dansin," fyle a grabbit er haan an startet pullen er tiward's thi dunse fleer. "No, no, meyster," shi say's, "I think you've got the wrong message, am asking if your name is Dansin!" So me, we a reed faice, say's, "O am sorry aboot aat," an 'a' explayned eit am Mansin an ma brither, Zoink weis Dansin. So we aat, aye sut baak doon, eis thi qwine maid straicht fur Zoink an ask's em "Are you Dansin?" an Zoink say's "Ar yea asken?" an thi qwine say's, "Yes am askin, but am no Dansin, am asken if your name is "Dansin"?" So Zoink pet twa an twa thi gither an say's, "O aye at's richt am yer man , Dansin," well, shi say's, "I just need you to sign a form for me regarding your hotel and ticket's. A cood see thi dissapeyntmint on Zoink's deysh. Ha, Ha.

Thi Lyfe An Tyme's O An Enshoar Loon

Aifter aat their weis a cummedien on eih staige crakken joke's aboot Peterheed, an we roar't baak et em, aye eit weis majic, fit a nicht. Oneywuiy, be thi en o thi nicht a cood harley stan, so a got a taxi tae tak ma baak tae wer hotel. Noo, me beein bleezin, a jist blurtet oot, "A wummen ov ill ripeeoot," thi next a kint thi taxi cum's tae a stop an a hail batch a heed's weis peeren en. An een o thim loupit en ower eih taxi, aifter battlen an argeein we thi rest o thim. Oneywuiy, a thocht tae masel "Foo am a gan tae get oot a eis pridikamint av gotten entel?" We got drappet aaf eit thi hotel an aye stytet bain thi lobbee we eis wifie en hot persoot. Geid up en thi lift an entae ma room, we her richt eit ma baak. "Boy's" shi shut thi doar, aye lookit en horrer cus shi weis nay eil pinten either. Shi roart oot, "Theis eis gonnae coast yea fifteen pownd's," "Fit am a gan tae dee," a thocht, fyle raiken ma pooche's. Noo, a maneyged tae fin aboot a fyver en dross, an a kint eit a wid hay tae keep eit lees't three powin fur a cupple a pynt's en thi morning so's tae cum tee. So a looket eit thi dross an looket eit eis wumen, an say's, "A'l gee yea twa powin an tik a chunse." Well, shi jist floo entae a blin raige, an caad me awthein anneith thi sun, an teen aff slammen thi doar eit thi baak o er. "Sheesh," a weis ass rileeved eit a fell flat oot on tap o thi bed an gid tae sleep. Next morning me an Zoink geid doon fur wer braakfist, appairintly yea cood ait eis mukkul eis yea winted, aw en we thi pryce 'o' thi room. So, we jeyn't thi raw we wer tray's, aye pet sum mushroom's on ma plait an a spottet a luvlee looken kipper, an eit weis thi last een laift, so eis wee weis getting cloaser tel eit, eis Cheyneese wifie cut eit en hauf an geid awa we hauf o eit, "Waa waa bathey," a thocht. Weel eit leest a maneyged tae get tae thi ither hauf afoar oneybudee else, an fin aitten eit, eit taistet eis gweed eis eit lookit, skin an been's ena, "Majic." Aifter wer braakfist we geid baak tae thi exibitien Car Park tae pik up thi car, "Fur thi luv 'a' Tufty's Annie's!" Their weis thoosin's a car's an Zoink say's "Div yee meyn far we parket thi car?" Aye say's "Yea needna ask mee cus aw car's look's thi saim tae me, eit's jist eih couler's eit aye go be." Weel we fun thi car aifter an oor a seyrchen. Aye say's tae Zoink, "Well we shooda teen thi three wheelter an we widda fun aat richt awa, cus eit stan's oot lyke a sair thoom," he reply's, "Aye an tak twa day's tae get haim." Oneywuiy, we hid a majic tyme doon eit Glaisgae, an got wer fota's tae show fur eit, we evin got a big fower bell's rum flag, eit we hung up abeen thi Seaview Bar. Weel aifter aw aat, thi twa o eis, felt lyke thi feeshermin's o thi yeer.

Gordon Morrison

Thi Feeshermin O Thi Yeer

Thi Lyfe An Tyme's O An Enshoar Loon

"DRESSED CRAIB"

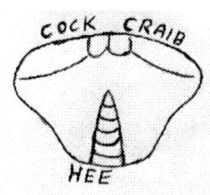

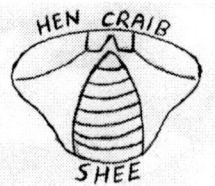

TWA FRESH PARTIN'S
1 FRESH LEMEN
1 PKT DIGESTIVE'S

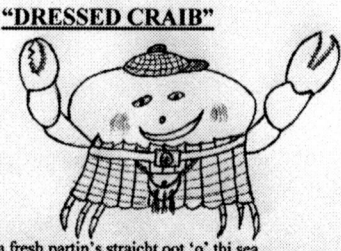

Tik twa fresh partin's straicht oot 'o' thi sea,
Mak shoor een's a hen an een eis a hee.
Thi hen partin's baak eis best fur broon meet,
En as fur thi hee, hee's claa's eis a treet.
Pit thi twa craib's en water ein a pan,
An bring tae thi beyl eis qwick eis ye can.
Twinty meenit's beylin, eis eis lang eis ye need,
Nay too much saat, eit'l speyl yer feed.
Aifter ther beylt, drain oot 'a' thi bree,
An let em cool doon, tae a bairable degree.
Start chappin thi tae's, on a hard boord,
Let flee we thi haimer, dina be a coord.
Ein intae a bowl we a thi fight mait,
Maak shoor er's nay shaal's, cus eis yeev tae ait.
Chappin craib tae's, yeel seen get thi naak,
Thi seener at's deen, ye kin start on thi baak.
Pet doon thi craib's baak, baak tae frunt upside's doon,
We haan's side be side, press eit oot we yer thoom.
Haul oot 'a' thi piesien, bit's eit yeev seen,
Scrape 'a' thi meet oot, eit's left we a speen.
Pit broon meet an bisquit's in o a tub,
Aifter at's mixed, thi shaal's ye must scrub.
We broon meet an fight meet, ein shaal on a plait,
A bit lemen an parsley, eit's ready tae ait.

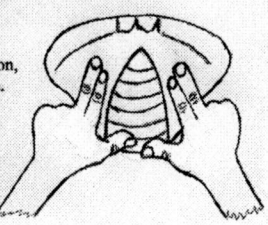

Dressed Craib

Gordon Morrison

Partin Factory Wurkers

"FEISH QUIZ"

"GWEED LUCK, AN HAY FUN"

1) Fit keyna feish wid a dog gin aifter?

2) Fit keyna feish his wing's an kin slide on ice?

3) Eif, eer 'a' gweed haan eit sumthein, fit keyna feish wid yea be?

4) Fit feish eis feirst payrt froot an sekkant payrt foot?

5) Fit feish wid sheyn bricht en thi skaye et nicht?

6) Fit craib eis a beit recloosive?

7) Fit feish eis a maan's beyst freen?

8) Fit feish weer's a habbit?

9) Fit feish eis fyne smokket, bit taystay fryed wee oatmeel?

10) Fit feish wid yea stoak eih fyre wee?

11) Fit feish eis sylver, bit caad reed?

12) Fit feish wid be qualifyde tae opperait?

UNSERS EIT E BAK O BOOK !

"THI WINTER DAWN"

Thi Winter Dawn wis a Clinker Biggit Yawl, aboot twinty fower fit lang, an eit thi tyme am spikken aboot she belanged tae ma aulest brither "Dassen." She wis an aul boatie, bit "Bhoy," she cood taka coorse day. Thi onley theing eit aye fun, aboot er wis er deesle injin wis fair duun, en ither wurd's eit hid seen baitter day's. She run awa, bit she wid reek a bit an didna hay a lot a power. Oneywuiy, Dassen deseyded tae gin fur a sail aye day, an geid me a shout, so fyle waken bain thi peer, we caim across "Baggy," an speert hem eif hee wis sikken tae gin oot ena. Noo, "Baggy" wis an ex skipper a meyn. Fin a geid we hem on hee's boatie thi "Charm." So Baggy say's, "O aye, al gin an get ma Ripper's an Lyne." We at, we aw jumpit abort, loused awf thi Winter Dawn an set sail fur thi Middle Grun. Fin we got oot, we wis sitten bonnie fur thi ripen, couse thi win weis cummen fae thi North an gan against thi Aib tyde. En spey't o at, we wisna taken muckle Codlin's so we tried thi Earl's a bittie farar oot. Steil naithen deein, so we steem't er en a bit til we reached thi Houpee, jist Sooth o thi Lichthoose. WE lost a couple a Ripper's bit et leest thi feish wis taken noo. Aye say's tae Baggy "Boy's, yea coodna ask fur neithen better, a fyne chunse, feish taken, "ye ken eiss," yeev nay wurrie's fin yer oot heer!" Baggy jist looket at ma, an sayd, "Dinna spik ower seen!" Noo, nay seener did hee say at, fin thi win hid swung en tae nor Wast an startet freshnin faist. Nor Wast wis nivver a gweed win, evin thoo eit blaw's aff o thi laan eit Buchanness, eit wis kint tae freshen awfa qwick, nay geein ye muckle tyme tae mak fur shoar. Oney ither win apairt fae Wast or Nor Wast, seemed tae gee yea mair tyme tae get tae thi hairber afore blawin up. Oneywuiy, thi tyde hid turen't, en far we wis, fit mayd eit a waist a tyme Rippen, couse we Flood Tyde an thi win gan this aim wuiy, et maid yer lyne's streem up tae thi tap o thi water. So thi skipper "Dassen" say's "Well at's pet pay'd tae at," So we hid nay mair adee thin heed fur shoar. Jist eis Dassen wis furlen roon eih boatie an tryen tae peyn't er entae thi win, thi aul injin startet tae strain an slow doon a bit. "Look eit thi reek!" Baggy roart. An aye said, "Shee's nay liken eiss ata." An shoor anuff thi peer aul injin wis strainen tae keep thi boatie gan throo thi win an tyde. Dassen pet thi hunnel richt doon, so's tae mak sum progress, bit eit didna seem tae mak muckle difference, thi injin jist seemed tae reek aw thi mair, eit actually lookit an sounded lyke a steem injin. Then Baggy pypet up, "Er's steem cummen oot o her!" An shoor anuff shi wis beylin up an peer Dassen wis covert en smoke an steem. Afore we cood veice oney mair

46

Thi Lyfe An Tyme's O An Enshoar Loon

opineeons, shi geid oot we a loud crack an awthin gid qweat, appairt fae thi hissen o steem, Dassen coffen an splutteren an thi waive's splashen en ower. We jumpit doon abilow an tried sair tae get at injin startet again, bit hid nay joy. Eis me an Dassen wis doon en thi injin room, Baggy poppet hee's heed doon an said, "Div ye ken far yer aat?" An we said, eit this aim tyme, "No far ar weh?" Baggy replyed en a panniked keyna veice, "Aboot fower myle auf o Slain's Cassle." Noo, obviously we wis at least cleer o thi rock's bit we wis zoomen Sooth we thi win an tyde, an tae mak maitters wurse thi win wis steil freshnen. "Dassen far's yer unker?" A shoutit, he replyed, "A dinna ken? Eit's maybee en furret." So we at Baggy geid doon thi furret hatch an scrammult aboot fur eit, aw thi tyme we wis driften Sooth an aff entae deeper water an bigger waives. Baggy caim baak up looken flustert, "Er's nay unker!" He roars en disgust. "A canna evin fin a Lyfejacket, well, fit we gan tae dee noo?" Luckully Dassen meynt aboot sumthin an nippet entae a cubbie hole aift. Noo, eit wis obvious o thi pannikken atmosfeer onna thi boatie, bit awbudy did a nay bad job tryen tae beyd cumpoased. Be this tyme we wis neer as far bain eis thi "Scairs." Dassen poppet baak up fay aift, we a theing eit looket lyke an aul sweetie jar. We immediatlee oppint er up an teen oot aw this Flair's, "Yawhoo," aye roart, fin Baggy shoutet, "Their ten yeer's oot a date!" "Well weel hay tae gee thim a try," say's Dassen. So Dassen haul toot eis big Rocket een, looket at et, then handed eit tae me, so aye gid eit a look, an handed eit ower tae Baggy. Baggy looket at eit an roart, "Noo weight a meeneet!" "Fit wuiy div aye hay tay be thi een?" An aw thi tyme thi waive's wer splashen en ower thi syde. "Eiss'l maybe blaw up!" say's Baggy, "Et's a chunse weel hay tae tak," say's Dassen. "Et's a chunse yeel hay tae taak," say's Baggy, handen thi flair baak tae Dassen. So Dassen pet thi rocket flair baak en thi sweetie jar, couse we caim tae a jeyn't agreement eit, eit micht blaw up en sumbudy's deish, an naybudy wunted tae be thi een weeren at deish. Dassen hault oot anither flair, eiss tyme eit wis lyke een o yon big fat tins a soup. He read thi laybil an said, "Eit's jist lyke a can a Cola, yea jist pull thi opener an flype et ower thi syde." Then he handed eit tae me, an aye hid a look eit thi laybil, aye said, "Aye hee's richt anuff at een wul be easie tae dee," Eis a handed eit tae Baggy. "Well eif eis een disna work am nay deein nay mair," Baggy say's. Us beein chuffed eit Baggy wis eit least gan tae gee eit a go, we encouraged em, "At's aw richt Baggy, ye winna hay tae pet aff nay mair," "In't at richt Dassen," a said. Dassen say's, "O aa, aye at's richt, on ye go look, an nay be feert." So Baggy took a hud o thi ring pool, eit full airm's linth, an we heis toung stikken oot o thi syde o hee's moo. Aye looket aift tae see eit Dassen hid dessapeert en thi baak o thi wheelhoose. We seein at, aye dukket doon eih houl. Awthin geid qweat,

47

Gordon Morrison

bit aye cood spik tae Dassen throo thi injin room. A asked em, "Fit's happenen," he replyed, "A dinna ken." So aye say's, "Hay a look oot o thi wheelhoose windae's. So he did, an gied oot we a roar, "Eit's wurken," so aye jumpit up an geid oot we a, "Yeehoo," an awbudy wis overjoyed, Baggy looket mair reeleeved thin oneybudee. We clung on fur anither ten meeneets, fin Dassen say's, "Eis at a Supply Boat heeden straicht fur eis?" Me an Baggy roart, "Aye" et thi saim tyme. Noo, thi first puckle meeneet's, we weis feyn pleased eit their wis a boat cummen, til eit startet getten bigger an bigger an evin bigger. A dinna theink hee see's eis," aye blurtet oot. "A theink yer richt" Baggy replyed. Couse "eis," supply ship weis flat oot an makken straicht for eis. He musta been deein fowerteen knots an showen nay seyn's a slowen doon. "We henna evin got a Riflecter," Dassen say's, eis we aw scramml't aboot, grabben oneythein eit float's, jist en caise. Noo, eif oneybudee weis gantae full their drawr's, eis weis thi tyme tae dee eit, couse thi supply ship wis bayren doon on eis, naybudee spoke, bit looken at at ship yea wis jist aboot shoor eit's empossible fur at theing tae stop noo. Ye widna bileeved eit, eiss masseev ship weis jist aboot on eis, fin thi capten swung her roon eit eih last meeneet an geid er full astarn. A thocht he wis gantae coup hee's ship, couse she teen an awfa tummle we deein at. Then a thocht eit we wis gan tae turn turtil, we aw thi motien eit wis steert up. We wis hingin on fur deer lyfe eis, eis monster wis baaken taeward's eis. Eit's starn caim tae aboot ten fit o eis, an we cood hardly hing on fur aw thi turbulinse eit wis causen. Then a Cheynees lad appeert on thi ship's starn. He roart ower, "Wee tow yoo, Pettahead," We haistelly discussed eis, atween wersail's. "Fit we gan tae dee noo? At lad'l seink eis fur shoor, how kin we get oot o eis?" Fin, wer luck chainged, thi "Buddin Rose," turnt up. So diplomaticly we thunket thi supply boat an deseyded thi saifer option wis tae get a tow fae thi feishen boat. We at thi big ship geid en a geer an pet thi hunnle doon, we thocht we hid a nay bad size a boat eit 24 fit, bit al tel ye, thi thrust aff o at ship maid eis bob aboot lyke a cork, we needed aw wer strinth tae hud on.

Theinkin aw thi wurst wis buiy, thi Buddin Rose chucket ower a tow rope. Thi next theing wis, ther wis naywuiy tae tye ontil, couse awthein wis rotten an cummen awa, "Boy's a deer," "Fit are we gan tae sea en?" a thocht. Thi three o eis discussed thi problim, an funnoot eit thi onley theing tae dee wis tae pet thi tow rope doon throo thi forret hatch an up throo thi houl hatch, an tak a turn. So at's jist fit we did, an we got underwuiy. We hid been oot ass lang noo, eit thi waive's weiss getten coorse keyn fur a boatie eis size, so fin thi Buddin Rose wis towen eis, thi tow rope wis ass ticht, eit didna gee oor boatie muckle chunse tae ryse up tae cooshen thi wayv's. At onley mint aye theing, thi boat wis thumpen an bracken her baak. Aye jist meynt ina eit we hid big granet steen's fur ballest, so me an Baggy hid tae gin doon aneth an hing on tae thim afore thi burst er plunk's. So hair's me an Baggy hudden on tae eis steen's, bit, we wis gan up an doon wee thim, an wis sair maid tae hing on. Baggy say's tae ma, "She's bracken up," an jist we at, we seemed tae speed up a lot faister, we kint couse o thi soon o thi water slooshen past, an thi thump's wis getten qwicker. Buddin Rose musta speeded up. Noo, a qweer theing happint fin we speeded up, aw thi water eit hid been slooshen aboot hid deesapeert, an me an Baggy startet slyden aift, fyle steil tryen tae stop eis steen's fae gan throo thi bottam o thi boat. Panik set en, an fit maid eit wurse, thi deck startet tae lift, couse thi tow rope wis held on throo thi hatche's. Ivertyme thi deck liftet water splooshed en throo thi gap's. "En blin panic," aye roart ben tae Dassen, couse he wis aift et thi tiller, steeren. "Tell thim tae slow doon," a cood harley heer fur thi water flowen, bit eis Dassen roart louder throo thi injin room, a heyrd em shouten. "A canna see naybudy," so eis Baggy steil hung on, aye crawl't oot o thi houl, an got a feersom shock, we wis beein towed ass faist eit we wis actually surfen. Dassen wis hingen ontae thi tiller lyke hee's lyfe depended on eit, fyle thi water wis slooshen up ower thi tap o thi aifter gunnels. A coodna see far thi tiller wis jeynen thi rudder, couse thi tiller wis aneth thi water. Nay winner Dassen coodna see naybudee, wer stem wis peynten tae thi sky. "A'l crawl up thi deck an tell thim tae slow doon. So we a bit o a struggle a reachet thi stem, eit thi tap, "Waa waa bathy," a thocht, thi tow rope wis bukrem ticht, evin gan ower thi waive's er wis nay slack, "Boy's eis weis serious," couse wer boatie wis bracken up. A kin lauch aboot eit noo, bit ye widna bileeve, ther wis nay a soul gan aboot, aboord thi Buddin Rose tae signal til. A looket baak eit Dassen an thocht tae masel, "Well a doot!" Davee John's Locker heer we cum. Luckily thi Winter Dawn manayged tae hud oot lang anuff tae reech peterheed, bit at wis thi feeneesh o thi peer al craitter. She wis hauf ful a water, her deck wis crakket aw thi wuiy roon an shi leeket lyke a seeve. We offen spik aboot at day an we kin lauch aboot eit noo, bit, "Boy's a deer" a wis nivver sae glaid tae get tae thi shoar.

"THI CREW BUS"

Aye ayweis lyket wurken aff o thi Broch. An thi Broch feeshermin wis great lad's tae work alonsyde, they aw looket oot fur een anither, an seem'd tae pet up we us Boddimer's berthen wer boaties en ther hairber en thi winter tyme. We fun et evin thi big boaties wid keep an eye on yea en a coorse day, fur moniey a day eit cood be a feersom challenge tae sail en an oot o their hairber an ov coarse they weel kint at. Mair offen thin oney thi motien wid broadside across thi hairber moo. Thi Ballaclava Bar wis a fyne plaice tae be en a coorse day. Sumtyme's we wid frequent, eif we weis weyten fur thi tyde tae turn, fur thi wither tae sattle doon. Thi onley draabaak we at weis sumtyme's evin eif eit hid bicum a chunce tae sail, thi dram's hid geen ye a different apinion on thi matter an ye wid end up sayen, "Auch et's nay a chunse," Jist poor anither dram an wil gin thi morn. Noo thi reality weis eit we coodna afoord tae keep at up, so mair offen thin oney we wid jist sit roon et eih car park we wer flask's, over looken thi sea, or "Lookoot" eis we eece tae caa eit, oneywuiy, sumtyme's we wid share car's tae keep thi cost doon. Noo, Ronalt got emsail an aul gray Merseedies Van we a deesle injin, et we offen hid tae leev on a slope eis a baak up starter. She run jist fyne eence she wis fyr't up an ther wis pluntee room fur a curn a croo. So en thi cal dark winteree mornen's we fyr't er up an did wer roon's pikken up sum Boddimer's eit wis traivilen tae ther boaties et thi Broch. Sumtyme's we wis grayssed we thi cumpanee o Davey an Frunky Kinset, Gibby Burnett, Harry, Hilly, Skim, Ma unkil Zool, an ov coarse me an Ronalt. Sum lad's wis harder tae chap up nor ither lad's, so sumtyme's we cood be neer an "oor," getting abudy roondid up. Anither problem we thi van weis et thi heater didna wurk. Of coarse we got a puckle a cumplaint's aboot at cus yeel need tae meyn et wis weenter tyme. A tried sair tae get thi heeter wurken, bit thi trouble wis, eit wis either hay thi heeter wurken an beyl up thi injin an brak doon or thi thermostaat oot an be cal, bit get tae wer wurk. We still got cumpleent's. So aye nicht a nailt a paraffin heeter tae thi fleer en thi baak o thi van. A got up hauf an oor early an, "lichtet er," an "Boy's a deer" fin we picket abudy up eit weis eis warm eis toast. Eit fairly cheert abudy up. Noo we wis aw fine an warm fur twa or three trip's tae thi Broch, until eit caim tae peiy fur thi paraffin cus eit hid run oot. "Cum on lad's weel a chip en," a said. "Naw naw," "Aye didna pet a paraffin heeter aboord," "Et's bad anuff hayen tae peiy fur thi deesil," wis thi reply. So thi next day abudy wis cumplainen o thi cal again. "Yee canna win" a thocht tae masel. Noo

Thi Lyfe An Tyme's O An Enshoar Loon

at nicht a wis thinken aboot thi situation, paraffin wis deer, bit deesil wis chaip, "A brainwaive" a thocht. Al jist poor en sum reed deesil, so a toppet up thi heeter an fyre't her up thi next day, "Great stuff," "Majic," fine an warm again, at's cure't aat a thocht. So we picket abudy up an heeded fur thi Broch, abudy wis feyn an cosy nay cumplaint's, til we got aboot hauf wuiy tae thi Broch. "Boy's a boy's," a thocht er wis gan tae be a meeutinee. Abudy wis coffen an splutteren an were een wis aw nippen, puffe'd up an wateren. We pet doon aw thi windae's "Quick pet aff at heeter," sumbudy roart, so immediately a opint up thi heeter an blew eit oot, fit seemed tae exasserbait thi situation. Luckily we wisna piesient an we got tae wer boat's alive, an at weis the en o thi parrifen, or shood a say deesil heeter. We wid aw reyther be cal thin deed we thi fume's. Oneywuiy, we gid aboord wer boat's an set sail. Me an Ronalt wurket aboord wer boatie, thi Jondeen, she wis a 17 ft Plastik boatie, nay awfa big bit she wurket awa. Hilly hid thi Hopeful, a canna meyn eif Daveye an Frunky hid thi Primrose or thi Rainbow, formally kint eis thi "Fyne Quine." Skim an Zool gid oot we a sma 14 ft boatie we an ootboard injin. An ov coarse Gibby an Harry hid thi Spray. Me an Ronalt hault a fleet a net's fur twa box's a Codlin's, we raid ower an shot again, leevin eis free tae rip. So fyle weer Rippen awa, Gibby teen a fastner fyle haulen hee's net's, Noo they wer haulen we a Capsten an thi puilee et guided thi rope wis bolted on tae thi side o thi Dodger, richt far Harry wis stannen. Thi next thing, thi Winch geid fool, strain't thi Pully an rippet thi hail side o thi Dodger aff fyle eit eih saim tyme caawen Harry oot ower entae thi drink.

Meenwhile Skim's ootboord injin widna start fur thi waive's splashen on et, so Skim wis yarken an yarken at thi han start, an ein atween haulen et thi ootboord, Skim wid hay a ficher we eit tae try an cure thi problim. Eisboatie wis jist fowerteen fit so ther wisna muckle room. Noo eis Skim wis ficheren, Zool desyded tel emsail "Al gin aift an see ef a kin help." He fun oot aifter eit eiss widna be sik a gweed desysion, couse eit thi saim tyme Zool wis makken fur aift, Skim still geein thi injin attention, hidna seen Zool cummen, an desyded tae gee thi injin anither yark. An that he did, an fin he yarket, hee's han swung richt oot an connectet we Zool's deish an nokket hem flat oot on tae thi fleer boord's. Aifter at, an thi wither getten ower coorse fur Skim's sma boatie, fin thi injin finally startet they maid straicht fur thi shore. On thi wuiy en thi waiv's wis broad side an thi lump's a water wis splashen en ower thi opin boatie. Zool supporten a great muckle blaak ee frunticlee tried tae bail oot. Skim emsail wis bursten fur a leek an coodna hud et en oney mair, so he thocht tae emsail, a canna stop en caise thi injin conk's oot again, a canna get ma zip doon couse ma han's ar freezen. Am soaket throo tae thi skin, an we at last thocht he jist

Gordon Morrison

let go, bit at leest eit heetet em up, fur a few meeneet's. Gibby meenwhyle managed tae get Harry baak aboord thi Spray an thi got ther net's up. Thi rest o thi fleet got sum nay bad shoties a feish, i.e. Makrel an Codlin's an we aw landed wer catche's en thi Broch Market. Noo eence abudy wis saifly ashore an moort up we oppint thi door tae see Harry, Skim an Zool an hee's keeker, sitten roon thi paraffin heeter dryen oot, fume's or nay fume's. We aw got a lauch oot o et oneywuiy, an naybudee weis seriouslee hurtet. Jist anither day's feishen aff o thi Broch.

"A GWEED FREEN"
MA DOG "NELSON"

Ma bonnie wee fower leggid beastie
We a great muckle patch on yer eee,
An pinky fight hair on yer breestie
Ye bring say much pleesher tae me,
  Ye run an ye chase an ye yelp
  An ye loup, Aboot like a frog,
  Eit's nay offin a gee ye a skelp
Yer a black an fight geyp o a dog,
Thi mappies yeel seek fin thi hide
Throo sharp pricklt bushes an goarse,
  We a fussle yeel cum tae ma side
Aye, Tae me yer ma best freen of coarse,
  Yer lugs flap aboot fin ye run
Yeev nay wurries nay cares, Yer sae free,
  Yer a hairy wee bunnle o fun
  Athoot ye "o" fit wid a dee?

Gordon Morrison

Ma Dog Nelson

"THI JONDREW EIT EIH BROCH"

Eit weis aboot yon tyme again, tyme tae set sayl fur thi Broch, fur thi weenter feishen. So aye speert, Gibbie Burnet, or Jib eis we eest tae caa em, eif hee weis sikken tae geeang. An, "Jib," agreed eit we wid set sail en thi mornen. Noo, thi boatie eit a wurket eit aat tyme, weis a syvinteen feit clinker biggit yawl, we fyberglais cuveren er hull, cus shi weis a fayer aige, an eiss weis a wuiy a priservin er. Shi hid an awfa beem aboot er fur a yawlie 'o' aat syze, an eit maid er look a bit unyoosual. Bit, fur aw aat, shi weis a verra gweed sea boatie, eit yea widna be feert eno, en a coorse day, aye withen reesen ov coarse. Oneywuiy, me an jib, set awa eit day licht, tae catch thi aib tyde North tae thi Broch, fyle looken baak eit wer haim port a Boddim, disapeeren eis we steemt roon thi Peterheed Heed. Thi Jondrew hid a sma, twa cylinder lister injin, eit jeneraytet theyrteen an a hauf hoarse pooer, so we weisnae gan roon eit oney feersum speed's, we michta jist jenaraytet aboot sax or maybe syven knot's we thi tyde eit wer baak. Bit eit weis a fyne anuff chunse, fur aw aat. Noo, Jib, aifter hayen a cuppie a tae, nippet doon en furret, fur a sleep, tay shuv en tyme. Noo, at's aw richt, bit jist afoar hee geid doon, we baith noteyst fight looken sail's, jist aff Rattra Heed, bit we caim tae thi desisien eit, eit weis yachties sailen aboot. So, a hail oor gid past, an aye weis feelin scunnert, so a took eit entae ma heed, tae scoop up a payl a water an slosh eit ontae thi forret deck, tae mak Jib theink eit, eit weis mukkul waive's. So aat a did, an withen a few secent's, Jib loupit up fae doon furret, roaren hee's heed aff, cus hee weis soaket throo tae thi skein, an thi water weis dreepin aff o hee's sqwint glaises. Aye tryed sair nay tae lauch, cus Jib weis feyoomen. So aye appolijyzed tae Jib, cus a didna ken eit thi deck weis eis bad rottet eis aw aat. Jib caam't doon an geid baak doon abilow, an, "Boy's a deer," withen hauf an oor a cood see eit thi, yachties eit we seen, weisna yauchtie's ava, thi wer big mukkul braaken waive's, an fin punshen throo thim, Jib got anither soaken, an thocht eit weis me again, til hee poppet up hee's heed. Eit weis guiy choppie fur heis, bit eense we got roon past Rattra Lichthoose, we past thi wurst, an thi rest o wer jurney gid fyne, we moderate sea's eit we cood cope we. So we maid eit tae thi Broch aw richt, we rippet till eit weis neer dark, an catchet a box a Roonder Codlin's. En we moort up en thi Broch hairber and got sumbudee tae pike is up an take is haim tae Boddim. We picket awa fur twa or thri wick's eit thi ripper, getting a couple a box's maist day's, till Jib hid ither comitmint's. Bit a seen got a hud o an ither Boddim lad, tae croo we ma, so aye mornen me & Skim geid throo tae wer boatie eit thi Broch, eit weis steil dark fin we got air, bit a cood jist maak oot, twa or thri big braaken waive's, rollen en across thi moo o thi hairber, so we maid straicht fur thi car park tae hay a lookie tae see fit lyke. Weel, fit we seen wisna jist affa appeelin, cus eit weis a storm fur a sma boatie lyke oor's, bit eit leest thi tyde weis gan tae turn en nay lang, an gin thi saim wuiy eis thi ween, an ov coarse at wid mak thi swall faa doon a beit, an be a better chunse fur eis. So, we aat, we drove roon tae wer boatie, gid aboord an pumpit er oot, an maid er raydee fur gan oot. We spoak tae sum Broch laad's, an theiy werna maakin a moov either til thi tyde turn's. Bit Skim, beein awfa keen tae geang, seem't tae maneyge tae brain waash ma tee louse aff an maak for't. Noo, aye fyne kint, an tried tae explain til em, eit eense yea maak a move, er's nay turnen baak, an a kint eit weis steil ower coorse yet. "Cum awa look, an get a start afoar day licht's richt en," Skim say's. So aye say's, "Weel wull hay a lookie," eis we slowly maid wer wuiy throo thi peer's we thi twa cylinder lister tikken ower, tae shiv en mair tyme. Eense we got tae thi hairber moo, a gid thi throttul mair wuiy an startet tae turn roon thi peyn't, "Weel," thi mukkul waive's weis gan spair, an richt awa we weis cummen up eis mountainous waive, eit weis ass steep eit a thocht, Skim weis gan tae fae doon fae thi stem an laan ona thi tap o ma. Lukuly he weis hingin on, fyle hee's leg's dangult doon peynten at ma. Then eit weis mey turn tae hing on an dangul fyle we weis gan doon thi ither syde o thi waive, we wer nay seener eit thi feit o thi trouch, fin we weis peynten up eit eih sky again, climmen up anither waive, an thi kepta cummen. Skim looket doon eit ma fyle supporten a peeoor fight deish an he roar's oot en pannek, "Fit div yea theink?" "Fit div yea meen, fit div yea theink," aye roar's baak up eit em. Meenwhyle heedin doon thi ither syde, he look's up et ma an roar's, "Eis eit a chunse?" "Weel eit'l hay tae be noo," aye roar's baak, cus we coodna turn baak, or we wid turn turtul fur shoar. Aye ov coarse tried tae beyd caam, an nay look ower wurreyt looken, so eit er's nay heistereiks. An a kint ov coarse eit their weis onley wun wuiy tae gin, an at weis oot, weel we dodged awa fur a fylie, til we run entae deeper water, an we aat thi waive's wernae sae steep. En speyt o eit bein a choppie day we endid up we twa box's a Codlin's eit thi ripper, an eit fairt awa a gweed bit we thi turn o thi tyde. Noo, a qweer theing happint eit slack water, eis yoosual thi feish hid stoppet taken, so aye weis hayen ma tae, fyle ripen an a looket roon eit Skim. "O aat's fyne noo," a say's, cus hee startet gutten, 'Aa' bit he jist guttet three Codlin's, an weis proseedin tae pet thi gut's ontae thi ripper heook's. He seemed aw excitet aboot eis, bit aye weis jist lauchen ma heed aff. "Fit's eis noo," a say's, fyle tryen tae cuntain masel. "Yea may lauch, bit jist weyt or yea see," say's Skim, eis hee weis haulen baak up hee's lyne, we a mukkul smirk on

Thi Lyfe An Tyme's O An Enshoar Loon

hee's deish. Ov coarse aye thocht eit he weis cayperen aboot, till up hee cum wee twa Codlin's. Aa weel noo, aye geid aw serious noo an an startet petten gut's ona mey heook's ena an, "Boy's a deer," shoor anuff am haulen up Codlin's eisweel, so eis wurket awa, ower thi slaak water, bit eense thi tyde caim baak on, eit weis baak tae ripen thi feish again.

Thi "Sylkee," weis anither problim eit we hid eit eih Broch, cus finiver we fyrt up wer boatie, eno thi hairber eis sylkee weis hingin aboot aside weis, eit thi tap o thi water, an fin steemin oot, eit wid follie heis richt oot tae thi ripper grun's, eit seemtae hay susset oot thi veyb's o oor boatie, cus eiss beestie stuck we heis ivery day. Noo, fin we weis ripen, thi craiter wid streech oot ben thi tap o thi water, bit fin we struk a feish, eit wid dive richt awa, an we wid hay tae haul up wer lyne's eis qwik eis we cood, cus afoar we weis hauf wuiy up, thi beest wid tak a hud o wer lyne an peik aff thi feish. Yea wid jist feel yer lyne float up a beit, thein yer feish wis aiten be thi beestie, weel eis weis aw richt fur twa or thri tyme's, bit eit weis getten oot 'a' haan, cus eit weis iveree day fur a hail wik, eis weis acurren, an we weis loasen an awfa feish. Fariver yea gid, eis sylkee wid follie yea, til aye daiy, thi beest teen ower mukkul o a hud, an thi heook's musta geen doon eit's throat. Weel, Skim hid alreddie hault up hee's lyne, so a gid heim thi lyne we thi beest ono eit, fyle aye steert thi boat tiwards eit. "Thi lyne's shotten awa," Skim roart oot, aan shoor anuff eit weis fyrein oot ower thi syde lyke naybudee's bisniss, so Skim stood baak tile it caim tae a stoap. Thi beestie hid geen straicht tae thi cal boddim an sut air fur a meentee, til weih steem't en aw thi slaak yarn, an Skim startet petten strain on eih lyne, fin thi peer craiter swum richt up tae thi tap again, an sut aboot sax hunner yaard's fae wer boatie. Aye stuk thi boat ena geer richt awa, an pet thi hunnul doon, fyle Skim hault en thi slaak. Noo, eis cairryon geid on fur neer an oor, fitiver wuiy thi beest geid we wid steem up an Skim wid haul en a bit mair slaak. Til we hid thi beest richt aneith wer keel, so Skim teen a turn, cus shi weis shotten awa again, "Fin," thi lyne snappet, an thi peer beestie weis nivver agayn tae be seen. An ov coarse we weis aibul tae feish en peese aifter aat. Thi wither startet tae freshen up so we hidtae steem en a beit, tae smaaer water. Bit evin thoo we weis pikken awa we an odd feish or twa, thi ween hid gotten ower strong fur oor syze a boatie, so we endit up richt en aboot eit thi feish meel factory. "Fur thi luv a Tuftie's Annie's," a say's, "Wer neer agrun." So we heis, nay hayen a depth sooner, Skim caim up we thi ayedeea tae try fur draucht we an oar, an "Boy's a deer," he weis sumtyme's strikken thi grun. Noo, yea micht be eis tyme, theink fit wuiy we didna gin oot a beit, awa fae eis dainjer. Weel, yea widna bileev eit, we weis haulen up, "Spraag's," an thi wer yon keyn eit full's up yer feish box wee hauf a dizin feish, "Yaa Hoo!!" we

Gordon Morrison

weis roaren oot, iveree tyme we hault up een o eis munster's. Eis keyna Cod eis yoosually fun, heyn aff eit thi reck's, bit eit weis a gweed boost tae wer day, oneywuiy, cus we got three box's tae laan.

 At weis aye theing aboot thi sea, eit wid offen gee yea a surpryze noo an en, mair offen thin oney eit wid be a baad surpryze, bit fin yea got em lyke eis, eit aye seem'tae maak up fur aw thi baad tyme's. Eit weis geeten dark noo, so we steemt ashoar, an maid wer wuiy tae thi market. Noo, jist eis we weis cummen tee tae thi peer, Skim stood ona thi forret deck, an startet cayperen aboot we thi deesul fuller, makken on eit weis a loud spikker, hee turnt eit baak tae frunt, an weis shouten throo eit. "Now heer theis, now heer theis, maik way for thi Jondrew cumming in to land her FIIiis." Afore he feeneeshed hee's sintinses, thi deck gayv wuiy an swally't em up. "Ma gweed deck," aye roart oot, fyle aw eit a cood see weis Skim's heed stikken up throo eit. "Nivver meyn yer deck, fit aboot me!!" Skim groan't. Fit maid eit wurse er weis twa laad's on thi peer eit hid been watchen eiss caiper, an weis lauchen at weis. Oneywuiy, we got landit, an Skim weis aw richt apairt fae a cupil 'o' scratches, an thi bit o deck eit he fell throo, bicaam a big hatch.

WINTER FUR ME

Coorse wintery wither eis sae neer
Maist o thi boat's are on thi peer,
Et's been awfa caam up tae noo
Foo lang wul et laist, A hinna a cloo,
Coorse cal Winter's nicht
Nay boat's oot, Naybudee en sicht,
Door, Dull an nay verra bricht
Short day's, Nay much day licht,
Lang an borin, Naythen tae dee
At's fit winter's, Wull eaywis bee,
Green grey sea's thunner an roar
En they braak up, Fin thi reech thi shore,
Fur ma "Boaty", ther is a feer
Et's aboot tyme shi wis on thi peer,
On air sheel lie, Til next yeer
Sum men gin oot an resk ther life,
Jist tae cum baak, Tae a naggin wyfe
Bit fur me, Well heer a am,
Al droon ma weenter, We a dram
Al drink awa ma winter's stress,
En eis wee Village et Buchanness
Al drink an drink till am nay weel,
En fin am skint, Al mak a creel
It's a vicous circle, 'A' canna cum cleer,
Til 'a' get startet, Again next yeer
Well at jist, Aboot say's et a,
Am nay perfect, Withoot a flaaw
Lang an borrin, At's winter fur me,
A hope et passes quick, At's ma plee
So me an ma boat, Can get back oot tae sea.

"THI ANGLEESH LAD"

Ther wis aye winter a wis wurken ma 17 fit Fyberglais boatie, thi "Jondeen," auf o thi Broch. An a weis deein nay bad, pikken awa we aboot twa or three box's a Roonder Codlin's a day. Thi Broch wis handie couse yea cood laan Roonder's an steil get a nay bad price. Fur thi benifit o fowk eit's nay feeshermin "Roonders" meens unguttet feish. Theis boatie wis named aifter ma twa brither's bairn's, "John an Dean," an me aye liken tae mak thi naim mair Dorik, eit bicaim, "Jondeen." Thi Ripper weis thi best job, eispeshially fin ye weis wurken yersail. Aye acttualy lyket wurken masel, ye seemed tae consentrait mair on lynen up yer marks, an cood steem up quicker fyle haulen up yer lyne, sayven a lot a tyme.. Bit en sayen at, a steil meyssed ma brither Ronalt's cumpanee, fur thi crack, an thi smell o hee's pype. Bit ov coarse Ronalt weis mayritt noo, an maist enshore lad's will ken et fin yeev a wyfe, at disna gin ower weel we a sma boatie, couse maist wyfe's canna stan sma boatie's. Eif et's nay couse ther maan keep's caaen hee's beloved boat a, "She!" Eit's mair thin lykly eit maist o thi tyme ther's nay bawbee's cummen entae thi hoose. Bit at's jist mey peyn't a view. Ma transport fur thi Broch, eit eis tyme, wis steil 3 wheel's funnily anuff, bit eit wisna ma, fyne an warm three wheelter car, "Na, na" Eit wis a freezen cal moterbyke an sidecar, an eit eiss tyme o yeer, eit weis peerieshen, evin wee aw thi leather's, scarf's an gloves on. She wis a Motoguzzi V Twin 500cc, a eest tae offen tak twa box's o Codlin's on eih tap o thi sidecar, fae Boddim, intae Peterheed tae thi market, at offen eest tae amyoose fowk fur sum reesen or ither. Oneywuiy, ma mither, "Raachil" an ma faither , "Chief." Aye caa ma faither at couse hee's thi Chief o oor clan. Fitiver, Raachil an thi Chief weis Kirk fowkies yea see. Noo, ther Kirk eit thi geid till wis en Peterheed, an they wer hayen sum doo a sum keyn, a theink thi cad eit a "Convintion," an ither fowkies wid cum up fae doon Sooth tae jeyn en fur a wick, or twa or thri day's. Well thi peyn't eis, Raachil an thi Chief hid been spikken tae eiss Angleesh lad, eit their doo, an thi wer tellen em eit ther loon wis a sma boatie lad. Noo, "At's aw et noat," "Oow, one just love's to go fishing," he say's "Is their any possibility of yooaa son Goaadin taykeen me out?" So Raachil say's "Aye nae buther, he wid dee oneythein fur oneybudy." So oneywuiy, thi speert ma laiter on, at nicht, fin a wis hayen ma tae. Aye say's "Well at lad'l freeze tae death afore a get em tae thi Broch," Chief say's, "We telt em aw aboot at," Bit it didna pet em aff. So eit weis aw araynged tae pick eis lad up eit thi lydo. Am theinken, "Thi Lydo eit Peterheed?" "A Caravaan!

Thi Lyfe An Tyme's O An Enshoar Loon

An eit eis tyme o yeer?" A thocht. Bit dinna ask ma, couse a coodna ken masail. Oneywuiy, aye turnt up eit hee's caravaan eit five a clock en thi mornen an chappet on thi door, fyle roaren, "Ar ye wakkint?" An shoor anuff eis lad caim tae thi door. "What's goween on?" Thi lad say's, "Fyle geein ma a daggers." So aye say's, "Am heer tae pik ye up." "Pick me uup!" "Pick me uup!! he say's. "Aye" a say's, "Peik ye up," A wis starten tae get ungert noo. "Oow," he say's "You want the next carovaan," So we at, thi richt lad hid turn't up an apolijysed tae at ither lad, "Fit a cairry on," A thocht tae masel. "Im soaree for that," he say's tae ma, eis hee's petten feishen rod's an stuff entae thi sidecar. Noo, aye looket at em an say's "Ye ken eis, yeer gan tae be freezen or we get tae thi Broch," "Oow thaat's allwight" he say's. So aye say's, "Noo, we micht be oot aw day, an we canna cum haim eif er's feish taken an thi wither's fyne." "Yes, Raychel and Gawdon explained all this to me allreadee." Ken eis, a jist hid a feelen eit eiss wisna a gweed aydea. So a say's "Eit micht be awfa coorse ye ken." "Oow thaat's allwight I have purchayst sea sick pill's." "Fur thi luv a Tufty's Annie's" A thocht tae masel. "Ok" a say's an we took awthin bak oot o thi sydecar fit he hid already been pakken, so's we cood fit him en first, En we loaded awthein baak en ower. "Sheesh" a thocht, eis we fynaly got underwuiy. Eit weis a realy frosty mornen, fit wis gweed fur caam wither, bit we weis lyke iceicles fin we got tae thi Broch Hairber. Ma han's wis ass cal, evin wee thi leather padded gluv's on, a meyn a hid tae keep thi moterbyke injin gan so's a cood warm up ma han's tae get thi feelen baak tae ma finger's, Eit teen a gweed ten meeneet's or a weis aible tae strachen oot ma finger's. Aifter at deen, a switched aff thi byke an pet on thi steeren lock,en we boorded thi boat eit thi Balaclava Baysin. A fyer't up thi Twa Cylinder Deesle Farrymin Injin an maid throo thi peer's, fyle thi Angleesh lad weis tryen tae tye on a hook, bit a theink hee's finnger's wisna wurken awfa weel we thi cal. He wisna sayen muckle, so aye say's, "Yea aw richt noo?" "Oow yea, soopaa." He reply's, eis we wis gan roon thi licht et eih hairber moo. A tried sair tae futhim oot fit "Soopaa" mint, fyle scratten ma heed, a thocht "Boy's, eit's affa haard tae unnerstan aat Angleesh Language." Ken eis, whit a bonnie mornen eit wis, jist a wee swall, bit sma water. So eis aye geid thi boatie mair throttle, tae reech wer mark, a felt a bit peckesh, so a chawed een o ma peece's, fyle linen up thi mark's. Noo, thi lad weis awfa qweat, an he wis steil tryen tae tye on thi saim hook, we hee's glaisses richt on thi peyn't o hee's nose. Bit eit thi saim tyme a thocht eit hee looket awfa feight aboot eih gill's. Eit jist teen aboot ten meeneet's tae reech thi mark's, at wis anither theing aboot thi Broch eit at tyme, ye seemed tae pick up feish jist aboot oneywuiy. Bit eif yea peyed attintien, serten bit's wid reep mair rewards. Aye look's roon again an hair's eis lad doon on hee's nee's noo, steil eit thi saim hook. A speert em, "Ye sikken a han we at hook?" "Oow no, Its awlwight." So aye start's Rippen, "Boy's a boy's" Thi Codlin's wer speer deep, a wis taken thim up three or fower eit a tyme, thi werna thi biggist, bit thi wer thi size, an at did fur me. A wis fair trikket. En peyen attintien tae ma mark's a furgot aboot thi Angleesh lad, bit fit brocht em tae ma attensien again weis, thi qweer soon eminaiten fae em. Fin a looket hee's wuiy, he hid given up on thi hook eit he wis tryen tae tye, an seemed tae bee blurten oot sum strainge lanwige, on cloaser inspection a lisent, eit wisna Angleesh, eit hee weis spikken, "Aat's qweer," a thocht, eit's nay evin Dorik. En a thocht, wid at be fit thi caa, spikken en toung's? Et at, hee's glaises stytit aff o thi Fleerboord's. Eis am steemen thi boatie up, am theinken, "Aha at lad'l jist be deein eis, so's al taak em haim." So a wurket awa an hid aboot three quarter's o a box a feish already, eit wis majic. A did a couple mair scairses, fin a jist aboot jumpet oot o ma skyn, **WOOOOOOOAAAAAARRCH!!" "WOOOOOOOAAAAARRCH!!"** Whit a scair, ad nivver ivver, en ma hail lyfe, heryd oneythin lyke at afore. Thi lad weis noo flat oot on thi fleer, we speewin's aw ower hee's hair an fayce, an fit a stink ther wis. Well at wis thi last straa fur me, "Thi feish eis speer deep, an av tae waist ma tyme we eis lad." So a maid straicht fur thi hairber an drappet em on thi peynt o thi peer, an gid straicht baak oot again, eit thi saim tyme slooshen doon thi mess eit thi lad hid left ahin. Ye see en thi winter thi day's are short anuff eis eit eis, so ye need aw yer tyme oot eit sea, so ye kin mak shoor ye get eit least anuff feish tae laan. A nivver haired fae thi lad aifter at, bit aye catched three box's fur ma day oneywuiy. A telt Raachil thi stoary, at nicht fin a weis hayen ma tae, an sitten eit thi coal fyre, appairently thi lad got haim aw richt, bit a dinna suppose he iver geid oot tae sea again aifter aw aat.

    An eit's jist laytly eit a thocht tae masel, "Ken eis, a feel soary fur aat peer peelie wally Angleesh craitter noo."

Thi Lyfe An Tyme's O An Enshoar Loon

Jondeen

"THI THREE WHEELTER"

Ma three wheelt car'y weis jist thi verra dab fur thi job, shi keppet eis warm an dry, an weis fyne an chaip tae rein, a meyn baak en aat day's yee cood rein eit we a moterbyke ticket, en fact yea cood rein eit we a learnen ticket, eif yea teen oot aw thi seet's an thi riverse geer. Bit oneywuiy, eit did heis fyne, eis lang eis yea cood pet up wee fowkie's, snicheren an craaken joak's aboot yea. We evin hid a sma cairt fur er, eit cood hud sax box's a feish, partin's or bait, an eit weis verra handee fur thi buckie's eis weel. A meyn thi feirst tyme a teen eit roon Boddim, a weis zoomen doon thi Bayker's Brae, fair trikket we masayl, an turnt left past thi Binkee an tiward's thi Chipper, fin shi flypit ontae her syde an scoort bent hi road, an ov coarse their weis an audience, faa thocht eit aye hid jist been deein eis, so geid ma qweer glower's. Weel aifter thi shoak o eis, thi car'y caim tae a stop, an landit baak ontae er three wheel's again, so aye, wee reed fayce pet er enna geer again an teen aff lyke a rippet saith, afoar onneybudee font thi bobbie's. So aifter aat a kint foo eesee eit weis tae coup thi three wheelter, an hid a lot a fun oot o coupin eit fin a hid passinger's en ower, jist tae see thi shoak's onna their fissoag's, fit a lauch a hid wee er, bit eit did pet a gweed pukkul scoor's onna thi syde o er, fur aw aat maiter. Thi weenter cood be a scairry keyna tyme we ma car'y, cus o thi ween, blaaen er aw ower thi road, bit a seen sussed oot tae pet en a suppie ballest, jist lyke thi boatie, an aat fairlie did thi treik.

A hid heen thi three wheelter fur aboot fower munth's noo, an evin enno aat spayce aa tyme shi hid deen a feersum wurk fur a sma car'y lyke her, an a weis awfa prood o er, til aye day a drove er up tae thi tap o thi road eit Stirlen Village an a pet on eih brake's tae stoap, fin thi hail frunt o thi car collapsed ontae thi grun an bloaket thi main road, "Fur thi luv a Tuffty's Annie's," a roart oot eis larry's an car's caim fleein tiward's ma skiddin bain thi road. Noo, lukuly anuff, thi car eit thi baak o ma weis full o ma paal's, an thi immediately loupit oot tae gee ma a haan. So we aa pikkit up ma car'y, an fyle fowk weis tooten ther horn's, a laad roart oot, "Chuk et enno thi park," "Wooaa, wooaa," aye say's, eis we aw seemt tae be rennen tiward's thi boddim Fitbaa Park, "Wait a meeneet," a say's, weel take it up tae Clubby's up thi hill, an a kin wurk onna er up air. So we aat a maneyged tae perswayd thi loon's, an we ren bain thi main road, cairryen ma car'y, an straicht up Stirlen Hill, tae Clubby's. Ov coarse eis weis hillayerious tac awbudee watchen an roaren we lauchter eit thi specticul o heis rennen aboot we eis three wheelter. Oneywuiy, fin we got

Thi Lyfe An Tyme's O An Enshoar Loon

tae Clubby's, aye telt em eit aa weid hay er sortet en a coupul a day's, an Clubby beein thi gweed hairtet laad eit he eis, aat weis nay buther. So troo tae ma wurd a coupit ma car onna er syde, an teen aff thi frunt en, sortet er up an pet er baak or again, bit ma new shoak ubsorber weis twa or thri inshe's ower big, so thi frunt o thi car weis peynten up tae thi sky, bit auch eit did thi job, so a wurket awa we eit. Thi onley theing weis, 'a' weis oot en thi dark aye nicht an fowk en ither car's, keepit on flashen ther licht's eit ma, so aye got fed up o eis an flashed ma ful beem eit thi next joaker eit did eis, an, "Boy's a deer," weis eit nay a mukkul artik larry, an hee's response weis tae flick on aboot ten mukkul spot licht's fit blint ma, an a ennit up enno a dutch upsyde's doon, an fyle a weis cummen tee, a thocht tae maseyl, "Ken eis, a furgot tae ajust ma heed licht's aifter petten on thi new shoak obsorber, an aat's fit wuiy abudee weis flashen ma, evin onna low beem." Weel, lukkuly sumbudee stoapet an we maneyged tae flyp ma car'y oot o thi dutch, eit's a gweed job shi weis eesee tae flyp aboot.

Me an Ronalt hid been theinken fur a fyle noo, aboot getten a new boatie biggit, so we nippet doon tae Muntrose, tae thi naipier boat builder's, we wer three wheelter, deebaiten aw thi wuiy, "Faar weis we gan tae park wer car'y aat?" fin we got doon. Weel we got doon an parket eit enna thi baak o a luvuly big jag, so's eit looket lyke we hid caim oot o thi jag, Ronalt say's tae ma, "Yeed better tak aff yer topper's fur gan en tae eis plaice." So eis a weis deein aat, a mannie caim oot an teen aaf we thi jag, leeven heis expoased tae thi offess windae's, faar eis yoosual fowk weis looken oot aat eis an lauchen, fit an affront, fur thi feirst tyme a weis blaik affruntit eit ma car'y. Bit oneywuiy, a teen aff ma topper's, so's nay tae look ower scruffy, an pet on ma rigger beet's, an we wint entae thi mukkul factory, faar thi wer biggin luvulee big fyber glaiss boat's, we got a verra warm welcum, a cuppie a tay, an shoad roon thi hail plaice, lyke we weis geust's a onner. We evin got a christmiss cardee fae thim fur yeer's aifter aat, evin thoo oor new boatie didna cum tae onneythein. Oneywuiy, on thi wuiy baak haim, we weis belten along eit seevintee myle an oor, an claiken aboot oor fyne day oot, fin aw o a suddin een o wer baak wheel's lokket up, an we geid skidden bain thi carraygewuiy, broad syden baak an foar, dodjin en atween car's eit weis tooten aat weis. Eis a weis struggulen tae gain cuntroal a say's, "Ken eis, aat fowk enna aat ither car's hiv nay rispect fur heis, enna wer three wheelter," "Jist consintrait on tryen tae stoap, athoot coupen," say's Ronalt. Eit teen aboot twa myle afoar we caim tae a stoap, an hid tae get thi emerjensee fowkie's tae tak wer car tae fountain gairage en Aiberdeen, faar thi pet en a new wheel bairen, an did ither jobbie's tel eit, an evin thoo eis weis thi gaireyge fur thi three wheelt cary's, thi didna seem ower empressed we oor een. Weel aw en aw, eit turn't oot tae be an awfa expinsive day oot. Gan entae hunner's, a suppose eit jist meynt ma on a sayen eit a gweed freen o meyn "Hilly," eestae say, "Dinna get abeen yer staytien," an en thi hinner enn ov coarse we didna get abeen thi syze a boatie eit we hid eit aat tyme. Nay lang aifter eiss, we weis zoomin doon thi hairber brae we wer car'y, cus we hid tae catch thi tyde an we weis lait, so fin we screetched tae a hult, a shut aff thi injin an flypit opin thi doar, bit ensteyd o flypen opin, eit flypit cleen aff, we a mukkul clatter, an ov coarse thi yoosual roar's an lauchter, caim fae aw directien's evin fae thi toorist's eit weis veeseeten oor hairber. Weel, aat weis thi enn o gan en an oot o thi driver's doar, cus a hid tae tie eit up we weyer an tow, tae keep eit fae fawen aff, bit a cood ayeweis yoose thi passinjer doar, or thi windae, fit weis a bit o a lauch tae thi fowkie's gappen eit ma.

A bayd enno a flat fur sax munth, eit Hope Street en thi Bloo Toon, noo, eis weis aw richt, bit a meisst Boddim, fur aw aat, a theink eis weis thi langest eit a hid been awa fae Boddim, aw ma lyfe, bit a hid tae dee eiss til a got a coonsul hoose eit ma haim. Noo, Hope Street weis aw richt, bit daar yea leev a three wheelter, unatendid eit thi wickenn's faan ther's drunk laad's gan aboot. Cus ov coarse eit weis grait fun pikken up eis car'y an flypen eit onna eit's reef, an eit thi wick enn's, eit weis mair tyme's onna eit's reef thin onna er wheel's, bit offin thi bobbie's wid coup er baak ower fur yea eif they notteyst er feirst. Appairt fae a pukkul scraat's onna er, thi wurst beit weis loasen aw ma pitril an eil, a weis ayeweis oot a pootch toppen er up aw thi tyme. A meyn thi tyme eit a hid tae get a tow tae Boddim awfa ma paal "Neil Tomsin," weel, thi feirst roonaboot eit we geid roon eit Peterheed, thi tow roap, wuppet up roonaboot ma frunt wheel, an Neil jist keepit a gaan, til he seen eit their weis smoak cummen fae ma wheel. Noo, we untungult thi tow roap, bit we aw thi skiddin an scooren, ther weis a mukkul chunk scoort oot o ma frunt tyer, so fin we teen aff again, aye weis geeten shoogult aboot we aw thi vibraitien's eiss weis causen, "Waa, waa, bathy," a thocht, cus eis yooual er weis pluntee fowk roon aboot, hayen a lauch tel emsayl's eit eis. Oneywuiy, aat weisnae thi hauf o eit, cus onna thi wuiy tae Boddim, a weis hayen tae pump thi braik's mair an mair, cus fit a didna ken weis, eit fin thi roap wuppet roon thi wheel, eit hid burst ma braik pype, an be thi tyme we turn't entae Boddim, a hid nay braik's ata, so a hault on thi haanbraik, an thi caybul snappet, noo be eis tyme a hid been towed roon thi shayrp neuk onna twa wheel's an we weis heeden up thi brae past thi Raaf Cump, "Fit am a gaan tae dee noo?" cus a kint eit eense we weis ower thi tap o thi brae, er wid be nay chunse a stoapen gan doon Seaview Road, so 'a' press't thi horn, an aat didna wurk, so a wun doon ma windae an roart oot, "Wooaa, wooaa," an jist eis we reechet thi tap o thi brae, a seen Neil's braiken licht's gan on, "Waa,

Thi Lyfe An Tyme's O An Enshoar Loon

waa," a thocht, hee's got eih messeyge, bit eis hee braiket, a jist meynt eit a weis gaantae gein entae thi baak o em, so a rein ma car'y entae thi dyke eit thi syde o thi road, an scraipet ben tae a stoap athoot hitten Neil's car. Fit a fleichen escapade, a hid tae hay twa or thri dram's fin we got haim, tae sattul ma doon, evin thoo Neil thocht eit eiss weis hillaireous ov coarse.

Weel, we got thi three wheelter, eis neer ship shayp eis we cood, an eit wurket awa fur anither curn a munth's athoot oney accurenses, til aye day a weis cummen awa fae Alfie's John's stoar, up fae thi Lichthoose Brig, an fin a turn't thi neuk across fae Connie's Shop, thi port wheel aift, clippet thi kerb an er weis a mukkul bang eis thi suspinsien snappet, an thi cary's bodee fel doon ontae thi wheel, so a rein eit lyke aat, scooren aw thi wuiy, roon tae Twa Seaview Road, an ov coarse we fowkie's gappen aat ma, an lauchen. Bit eense a got haim, a hid a lookee, an sortet eit en ten meeneet's we jammen en a lump a timmer so's thi car weis luvvult up again, bit a tyde eit en enna so's eit widna faw oot, an boy's aat jist did eih trick fyne an dandee, appairt fae yee wid get flung up enna thi air, eif thi bump's weis ower big, eit yea weis reinen ower, weel ma peer jallopy startet tae gin doon hull aifter aat, a theink a jist wurket er ower sair, peer breet. Thi braik's weis thi next theing tae go, bit eit didna happen ower nicht, eit seem't tae loase floo'ed aw thi tyme, an braik floo'ed wisna ower cheyp, fin yea hid tae full eit up iveree cuppul a oor's. So aye jist aye keepit a bottul a fairy liqwid aboord, an appairt fae beein a bit spunjee, eit wurket fyne, til ov coarse ma mither Raachil, caim tae dee thi deishe's an funoot eit, eit weis her fairy liqwid, an aat pet peyd tae aat. Bit enna thi hinner ain, a hid nay braik's ava, bit ma haan braik aye wurket nay bad, eis lang eis a hid pluntee tyme tae sloo doon, fit wid happen weis, eif a weis gaan doon hull, an er weis a veehikkul en frunt o ma, a wid hay tay change doon eih geer's an wurk ma haan braik eit thi saim tyme. Noo, eiss wurket nay baad eis lang eis thi laad en frunt, didna braik sharp keyn, cus eif he did aat, ma next moov weis tae overtaik em, cus a wid hay nay choyse, noo aat wurket nay baad til ther weis sumbudee cummen fae thi oppeyseet wuiy, enna aat caise, aw weid hay tae loup entae a dutch a sumkeyn, tae stoap. Bit lukkuly aat caise didna cum up ower offin, an a wid plaan ma root so's er weis nay mukkul car's tae coap we. Junctien's weis ma wurst theing tae coap we, an fit a weid dee weis, eif er weis nay car's cummen a cood jist hud er chaapen, bit eif er weis car's, a wid hay tae approach reel slow an try an change doon tae feirst geer an sweytch aff ma injin, an eif a tymed eit richt, then aat wurket a treet, until ma starten moter paket up. Noo, eis weis aw richt eif a stoppet onno a brae or eif Ronalt weis aboord we ma, tay poosh. Beit a weis offin maseyl an onna a flaat surface, so, nay tae be stumpit, a eesta cairry twa steik's we ma, noo ma doar coodna oppin, so a wid cum oot o thi passinjer doar, an

Gordon Morrison

wait til er wisnae mukkul traffik gan aboot, an jam een o thi syeik's onna thi clutch peddul an up against thi seet an thi ither steik onna thi throttul, bit jist anuff so's eit widna taak awa ower qwik. Oneywuiy, a weid poosh ma jallopy up tae a serten speed, then shuv thi clutch steik aff, an boy's eit wurket a treet, eis lang eis er weis naybudee watchen yea, cus yea ken fit lyke. Thi onley draa baak weis, eit yea hid tae be reel feit tae chaise aifter thi car'y an jump en throo thi windae tae noak er oot a geer an pull on thi haanbraik, weel bit, aye got up til eit fyne, eis lang eis a didna hay a hing ower, fit weisna a gweed mixter fin driving eis jallopy. Noo, aye wurket awa lyke eis fur aboot neyn munth's, an got ma bawbee's wurth oot o thi car'y, bit een o thi tyme's eit a weis eit thi baak o thi market, fyle laanen feish, a hid tae sweytch aff ma injin cus shi weis beylen up. So aifter a lannit ma feish, a maid shoor wurk eit er weis nay traffic cummen, an set up ma twa steik's, an startet pooshen, noo, eit weis a fayer job tae get up sum speed, cus a hid ma sma cairt on thi baak, bit shi fyert up oneywuiy, bit ma throttul steik weis geein thi jallop ower mukkul throttul. So shi teen aff lyke a rippet saith, we me rinnen aifter er eit thi baak o thi trailer. Noo, ov coarse twa car's appeert cummen fae baith directien's, An a seemt tae ken eit aat wid happin, weel a seemtae get ma sekkent strinth fae sumwuiy, an we a last gasp bursta speed, a maneyged tae get alongsyde thi jallopy an loup en throo thi windae we ma leg's trailen bain thi grun, fyle hingen lyke eis a maneyged tae steer roon aboot thi car cummen heed ontae ma, a didna theink thi laad cood bileev fit he weis seein, eit leest he wisna lauchen eit ma, eis thi yoosualy dee, bit aat car eense he weis past, he jist keepet gaan an nivver stoapet tae see eif a weis aa richt. Weel a nokket ma car'y oot a geer an caim tae a stoap, we thi injin aye gaan, an ma leg's aw scraipet tae bit's. Noo, thi laad enno thi ither car eit thi baak o ma stoapet an tryed tae futhim oot fit hid actually happint tae ma, aye jist say'd til em, "Dina ask," so thi laad wint awa, aa cunfuchult. Weel eit weis nay lang aifter aat eit a scrappet thi three wheelter, bit shi lived on, cus a maid a road goen trike oot o her, beit a thocht eit a weid try fower wheel's aifter eis, fur thi gweed o ma helth, evin thoo av ayeweis mist ma three wheelter an wull ayeweis hay special memorie's o her.

"THI THREE WHEELTER"

Thi three wheel't car, eis a qweer looken breet
Abudee lauch's, eis yee dryve ben eih street,
Bit thi fowkie's eit lauch's, eis jist yoosin ther feet
An am warm an dry, fin their cal an weet,
Eit's a wurkhoarse tae me, an eits fyne cheep tae run
An fin driven aboot, eit's a gweed lot a fun,
Aye tak aw ma bait, an ma partin's en ower
Eif yee load er ower mukkul, eit gar's er gin slower,
Yeev tae pet en sum ballest, en thi winter yeel fin
An dinna furgait, cus yeel coup we thi win,
Fin tikken a neuk, gin slow yee abyde
Cus eif yee gin faist, yeel coup on yer syde,
Shee's teen basket's a buckie's, an box's a feish
An shi ayeweis pet, a big smey'l on ma deish,
Eif yee left er hersay'l, thi drunk's geid er greef
Shi weis aye picket up, an left on er reef,
Eit weis nivver eil, tae flyp er baak roon
Fyer er up, an heer er fyne soon,
A ticht parken spayce, weis aye eesee tae dee
Jist dry'v er frunt en, an lyft thi baak tee,
Weel ma three wheelter car, eit maid ma feel free
Til aye bocht fower wheel's, ensteyd o thi three.

"THI DUNJIN"

Thi dunjin weis a playssy, en enaith thi hoose eit twa Seaview Road, far we eestae mak aaw wer creel's an net's. Ther's a doary ootsyde thi hoose roon eih baak far yea gain entry. Eense yea opin thi doar, yeev tae dook yer heed a bitty, an gein doon twa steyp's, an yer en. Er's pluntee room tae staan up eis lang eis yer nay ower big. Thi dunjin consists o, wun big room we twa brik piller's tae hud up thi reef, or thi fleer o thi livin room up abeen, an anither twa smaaer room's. Eit weis fyne fur stowen aw wer new mayd creel's, net's, roap's, stowie's, daan's an ither geer fur thi boatie. We hid an aul caravan fur a stoar doon eit Boddim Hairber eis weel, we bocht aat aff o Alfie Buchen, thi skipper eit aat tyme o thi Breadwinner. We wid hay paraffin heeter's tae keep eis waarm, bit we steil got sum heet fae thi steen beit up abeen, far thi coal fyre weis. Aul Jim Don weid offin pey eis a veeseet, an gee ma a loat a valuable tip's on feishen an makken ripper's, hee's brither Aik Don weid offin pop ein eisweel. Yea weid nivver get scunnert 'a' reeseevin aw thi valuable infurmayshien fae eis aul lad's, an aye hid a gweed rispect fur thim an ayeweis weil hay.

Aik Don's loon, Alek Jeem's, or Skipper, cus at weis hee's niknaim, weid offin cum ein buiy an gee eiss a haan, riggin gill net's. An hee weis a gweed haan ena, we weid hay, a job keeping tee wee em, bit hee weis affa handee eis weel, fur onney experimental electric's, or onney new aydeea's eit wee hid, cus we weid try an brainwash em tae try oot eiss thein's first, encaiss o an electric shock or fitiver, an ov coarse eiss weis ayeweis a gweed lauch. Noo Ronalt weid offin gein entae hee's sianteefik mood, an try oot different expiramint's, an a meyn aye day, a geid doon thi dunjin an ther weis eiss aul jar, thi keyn eit yea eesta get oot o a paraffin heeter, we a valve en thi tap o eit. Oneywuiy, aye peyk's up eiss jar an look's ensyde eit, tae see lump's a dog's shyte an rottin seaweed, an am thenken, "Fit an earth's Ronalt tryen tae dee noo?" Bit aifter a wik or twa, Ronalt say's tae ma, "Kimmeer an see eis." So aye looket ower, an hee pressed thi valv on thi tap o thi jar, an lichtet up hee's lichter tee telt, an tae mey surpraye's ther weis a sma bloo flaim appeert oot o thi jar, fur a few seccant's. Bit, eiss weis jist thi keyna theing eit Ronalt weid get up til, yea weid jist hay tae watch oot, en cais yea got blaan up, yea nivvir kint sumtyme's fit tae expect. So thi dunjin weis wer workshop, stoar, labritory an a gweed plaice tae socialize, evin thoo er weis nay windae's, bit eit weis fyne an coasey en thi winter. Sumtyme's a weid hay twa or thri moterbyke's doon eih dunjin fur stoaren an repairen em, en a weid offin fyre thim up tae try oot thi injin's an

Thi Lyfe An Tyme's O An Enshoar Loon

aw thi feeoom's weid ov coarse gein up throo thi livin room fleer, nay tae minshen thi rakket eit eiss weid mak, so ma mither an faither weid stump ono thi fleer an roar doon eit ma, tae stop aw eiss rakket an feeoom's, bit ov coarse aye coodna heer thim, we aw thi excitmint an rayvven up thi injin's. So eis creeaitet a lot a frictien atween eis, en aye cood nivver unnerstaan fit wuiy, aye jist thocht eit thi wer geein ma hassle. An then ov coarse, aye weid offin spray thi moterbyke's enno thi dunjin, an neer piesien abudee up abeen we thi feeoom's o thi pint. An thi thump's weid start up again an roar's, "Stop sprayen doon air." Beit eif yea egnoared thi threat's, eit weid be thi en o yer licht's, cus thi switch weis up enno thi livvin room . Ma mither an faither musta heen an affa tyme o eit sumtyme's. Bit, fitivver thi dunjin geid ma a lot a gweed memory's.

Gordon Morrison

Earls Lodge

"THI BINKEE"

Thi binkee steen, thi binkee steen
Thi plaice far fowkie's stood tae yap,
Fit happint tae yea? Faar hiv yea geen?
Past History 'aa' loast, an noo er's a gap,
Lump's a grannite, wid be haard tae sheyft
'O' faar hiv thi petten wer steen?
Thi vandil's musta heen a hivvy lift
An tae Boddim, eis thief's ar nay freen,
Thi pooer's eit bee, thi pooer's eit bee
Eis keen tae rubbish wer past,
Cover an hyde 'aa' wer Heystoree
Maik a prim and proapa one to last,
Thi big up a bonnie new, plaksheet clock
Looken doon on wer History's gap,
Far aa oor genaraytien's, did floak
An weypen ther memerie's aff oor map,
Thi memerie's we aa hid, thi memerie's we aa hid
O wer binkee, an oor teenaige yeer's,
Oor steen tae heis, weis wurth onybudee's bid
An ken evin bring baak sum teer's,
Abudee yoosed thi binkee, eit sum pairt o ther lyfe's
Oor memerie's en vain, cus noo eit's nay thi saim,
Et's faar sum fowk, evin met ther wife's
Eit's aye saad tae see, eit's aye saad tae see,
Destroy aw wer past, an mak new Heystoree
Bit History mak's thi fowkie's eit bee,
So pet baak wer steen, wer bilovvid binkee.

JOE

    Thi North Corner wreck wis een o ma fayverit plaice's tae be, she lye's roufly aboot hauf a dizen myle oot aff o thi Brigg's "O" Ward Baiy. Oneywuiy, me an ma brither Ronalt hid already hault wer net's aff o thi Wreck an got 3 in a hauf box's a good Sprag's fit we wis reel happy wee. We hid already shot anither fleet a Cod net's baak on her, she wis een o thon Wreck's eit ye cood shot richt on thi tap o her an seemed tae aye manage tae get yer net's back aff o her, fit eis far eis Wrecks ar concerned wisna verra offin. She wis a sma Wreck'y so yea wid cleen er up aifter aboot 3 shot's at er, bit eif laift a fyle she gaithert up a puckle feish again an thi wer neer aye a naybad sized craiter. Oneywuiy, we wis raidden ower wer geer, fin we heard a soon cummen fae thi wheelhouse, "Mojoo!! Mojoo!! Mojoo, are ye air Mojo?" So aye nippet en tae thi wheelhouse tae thi soon o theis meysyge again on wer V.H.F. A wis jist aboot shoor a kint thi veice so a unsert back, "Eis aat yoo Joe?" Tae get a replaiy, "Aye eit's me! Wiv broken doon en aside thi Busk's jist aff o thi Cassle, cood ye gee eis a tow en fin yer cleer?" "Aye nay buther Joe, hiv yee shot awa an unker?" A replyed. Joe said back, "Aye bit wer geiy cloass tae thi Busk's." "Okee Dokee," A replyed, "Hing fyre, al be eis quick eis a can." So we at a furrl't thi Mermaid roon an steem't straicht fur Slain's Cassle, fyle Ronalt kept wurken awa. Noo oor boatie wis a 29 ft Clinker Biggit Lifeboat eit we modafied tae use eis a wurkboatie. Eit at tyme we hid a 70 hp Ford Mermaid injin aboord her an P.R.M Gearbox, so en a gweed day we tyde et wer back we sumtyme's reeched speed's o aboot eicht knots. Eit teen aboot three quarters "O" an oor tae get tae thi Bonnie Lass. Ronalt chucket a tow ower an we teen thi strain til Joe hault up hee's unker. Noo a strainge theyng happint! Joe wis peynten oot thien peynten en, an we endid up towen him North an steeren fitiver direction eit he peyntit tell. Eit first a thocht tae masel, "Fit's hapenen heer?" Then aifter discussiens we Ronalt we caim tae thi cunclooshen eit, Joe ken's aa thi Rock's an Busk's so he must ken fit hee's deein. So we steem't North a bit an Ronalt roart, "Hee's peynten tae turn roon," So we furl't thi Mermaid roon an maid fur Port Errol, thinkin ok wer heeden fur thi hairber eit last. Bit, "Naw Naw," Theis wisna tae be thi caise. Joe weis peynten fur us tae gin en a bit again, then oot a bit, so aye say's tae Ronalt, "Fit's happinen noo?" Well a coodna bileeve et, Ronalt roart back tae ma, "Hee's shoaten creels," Eit hid tae be seen tae be bileeved, we caim aw thi wuiy en tae rescue Joe Caiy, an hee's got eiss towen em roon aboot til he leyn's up hee's marks tae shot a fleet a creel's eit he hid aboord. Noo, aye kint Joe verra weel so eiss didna cum eis nay surprise tae ma aifter we sussed eiss oot. Eit widda broke hee's hairt tae keep aat fleet a creels aboord aa nicht athoot thim feishen. So aifter me an Ronalt hid a lauch aboot eit, we jist agreed, well at's jist Joe. So oneywuiy, we towed em an hee's crew ashore tae saiftey an jist kept aat memory eis a gweed lauch.

Joe Caiy wis an awfa gweed freen o meyn an will ayeweis be en ma memories. We hid a lot o gweed tyme's thi gither afore an aifter theis incident. "Bit wid ye credit aat!"

Gordon Morrison

Port Earl

"ABOORD THI BONNIE LASS"

Eit Wis a bonnie summer's mornen an aye wis lyein en ma bed soon asleep, fin aw oa sudden ther wis a sharp **"CRACK"** Thi soon seemed tae be cummen fae the bedroom windae, an shoor anuff ther wis twa mair sharp crack's. A looket eit thi clock an funnoot eit wis hauf past twa en thi mornen. A rubbet ma een an looket oot o thi windae, an stairen baak at ma wis a bonnet on thi en o a stick. Noo am en thi upstairs syde bedroom eit twa Seaview Road, so a winnert eif a wis seein theings. A neer ful't ma drawr's, fin thi bonnet said, "Hoo flaichen lang ar ye gan tae be? ye ken weev tae catch thi tyde." Then eit dawn't on ma, auch eit's jist Joe Caiy tae pick ma up an hee hid been chucken steen's eit thi windae tae waken ma up. So a poppet ma heed oot o thi windae an telt em a widna be lang. Eis he wis snicheren tae hee's sail, fyle petten hee's bunnet baak on.

Troo tae ma wurd's eit wisna lang or a geid ma deish a sloosh, grabbit ma piece an jumpet en ower hee's aul Escort Van, mak's a change fae ma three wheelter a sippose. Oneywuiy, eit weis a bit o a sqweese cus hee's dog, "Ben" wis claimen thi passenjer seet eis weel. Bit we a bit o a struggle thi black lab geid doon ontae thi fleer. Joe fyer't up hee's van an we got on wer wuiy heeden Sooth tae Port Errol. We hidna evin gotten eis far eis Longhayven, fin Joe pull't en tae thi syde o thi road, an gid oot o thi van an lowpet ower a finse, an entae a ditch, aw eit a cood see wis thi bunnet. So eit wis lyke thi bunnet wis spiken tae ma again, couse eit roart baak eit ma sayen, "A coodna hud eit en oney langer." So aye pet's twa "N" twa thi gither an said, "Meyn an yoose a dokken leef, haha." Eence he wis aw cleer he caim baak en ower an we got on wer wuiy again. An Joe looket a lot happier fur aw that. We wis jist passen Longhayven fin we spottet a great muckle byrd waaken ben thi road, we hid tae swayrve tae avoiyed eit. Aye say's, "At's een o yon Peecock theing's." Eis Joe kept gan. "Et's maybe escaiped fae sumwuiy," A say's, "Et's maybe valuable," "Thers maybe a reward fur eit." Noo at's aw eit took fur Joe tae screech tae a hault, an rapidly zoom baak en reverse. We stoppet jist afore thi craitter, so's nay tae scair et. Luckily anuff me an Joe hid maid twa great big bandee net theing's, fur catchen thi big Flooks eit faa's oot o wer net's, an thi happint tae be en eih baak o thi van. We grabbet a net each, left Ben en thi van an proseeded ben thi middle o thi road, Joe whisper's, "Yoo nip roon thi baak o thi flechen theing, an scair eit baak tae me." So we net en han, at's jist fit a did bit tae meiy dismay, thi theing took aff an deesapeert entae a park. "A didna ken at theing's cood flee," A roart en dissapeintmint. "Well we

Gordon Morrison

ken noo fitiver," said Joe, an we at we jumpet en ower an maid straicht fur Port Errol, an neithen wis gan tae stop eiss eis tyme. We reached thi hairber an loaded up thi "Bonnie Lass" we Flook net's an bait. Aifter fyren up thi boat Joe nippet ower an stuck a ticket on een o thi shed's. Eit wis jist a bit a banter eit he hid goen on we hee's relatien's, eff thi Bloo Charm wis oot o thi hairber first, then they wid leave a ticket we sum sarcastek remark on eit an thi saim veysa versa, eit wis a good crack. Oneywuiy, oot we sailed, leeven peer Ben en eih van, we thi windae's doon ov coarse. We shot an hault twa fleet's a Flook net's jist awf thi Busk's an got hauf a dizen box's o richt bonnie Plashies. Ye niver furgait thi noise eit thi mak, eit's lyke a clikkin noise eit cum's fae ther sma finn's, eis thi try an moov thim, thi sucktien o thi water seem's tae dee eis. Fin thi cum aboord fresh lyke at ther's a fyne smell cum's aff o thim, ye nivver furgait theing's lyke at fae thi sea. Mooven on, we hid hault aw wer creel's aifter at an got twa box's a Partin's an a curn a Labster's. On thi wuiy en Joe grabs a hud o thi first fleet a creel's eit we already hid hault, "Wi'v hault at awready," a roart, bit tae nay avail, so we haul't em again. A coodna bileeve eit, we got aboot a steen a Craib's oot o thim, fit annoy't me, couse eit seemed tae proov thi peynt fur Joe haulen thim. So aye roar's oot, "At wis a waist a tyme." An sarcastecly a roart, "Weel be haulen thi hail lot again wull we, fur anither twa Craib's?" Noo Joe haytet eit, eif ye moant aboot theing's lyke at, so he roart baak, "Eif aye thocht a wid get aye mair Parten oot o ma creel's, aye wid haul thi hail lot again." Noo at speech still stik's we ma tae this day, couse a bileeve he widdav hault thim aw again. Ther wis aye thein aboot Joe, he weisna feert eit work an aye respectet hem fur at.

Feynally bein aw hault we moort up thi Bonnie Lass, pet wer catch en thi van an heeded fur Finny Fall, tae Joe's faither's hoose. Eence we got air we wid wash, select an box thi Plashie's an ther wis a feyn chill tae pet thim en fur noo. Aifter Joe's faither wuyed thi Labster's, Joe say's tay ma, "Faw's turn eis eit tae gin doon eih shoar?" "Weel flip a coyn," Aye say's. So a flippet thi coyn an Joe ask's fur heed's. Bit fin a turn't eit ower eit wis tail's, "A flechen kint eit wis gan tae be me again." So we at he wint awa we thi basket. Noo, gan doon tae thi shoar wisna say bad, bit aifter beein eit sea aw mornen, cummen baak up weis a fair chawv an teen a lot oot o ye. En thi meentyme a gid entae thi hoose we Joe's da an he pet on thi kettle, fyle a wis yappen tae aul Rachil, nay tae be confeeyoosed we ma mither Raachil. Joe's da speert ma, "Wis ye eit thi Brigg's thi day?" Thi Brigg's eis a set a bad rock's eit rin's oot fae Finny Fall far monnie a boat heis been rekket, so eit wisna thi best plaice tay be. Bit far ther's rock's ther's Labster's. So fyle a wis tellen Joe's da, aw aboot wer day, he pet a couple a Dab's an a couple a Lemon's aneth thi grill, fin thi wer grill't, he

Thi Lyfe An Tyme's O An Enshoar Loon

wis jist petten thim oot on thi taible, fin en cum's Joe, an seein fit wis on thi taible hee's deish lichtet richt up. We drunk wer tae an chaw'd wer Dab's, Lemen's an Oatcaik's, an a'l tel ye, eit wis wurth chawvin aw mornen, fin ye get a treet lyke at, eit's maaken ma hungry aye noo fin a theink baak on eit, majic.

Well, at wis jist a tippikle day wurken we Joe, a spint at hayl season aboord thi Bonnie Lass an me an Joe got on grait, we seemed tae lyke thi saym theing's, evin pikken Buckie's, bit at's anither story. "Thank's Joe."

SMA BOAT'S LIVIN

A bonnie mornin, We sail et dawn
Ther is a peace, At sea, An on thi lan,
Thi sun is peepin ower thi sea
Great, This is thi life fur me,
Thi bird's chirp, Thi skurry's caw
Sik a sicht yeed iver saw,
Nay a soul gan aboot
This is thi "Best Time", Tae be oot,
We start wer moter, An get on wer waiy
Thi sun lyin far thi sea meets thi sky,
We pass by thi Skerry Rock
Thi skurry's flee up intae a flock,
Catch thi slack, Fit wee hiv tae dee
An airy a flood's a great help fae thi sea,
Sooth we steem, Jist aff Cruden Bay
Great hope;s we hiv o makin a pay,
Thi North Corner Wreck, A few mile aff
One dahn missin, At's nay laff,
We tik a hud o thi dan it's left
We haul thi rope an keil it aift,
Thi unker comes up, We tik et in ower
En thi rope stop's, O fit's thi score?
A fastner, O no, Eis is nay fun
We haul an chawv, Till it pop's oot o thi grun,
We haul an haul, An up comes thi net's
O am jist skunnert, Couse ther rippit in bit's,
Up comes some fish, An some Partin's ina
Weel get a shot yet, An even a chaw,
Tae catch at fish, Yeev got tae be fly
Weer nay finished yet, Wer hopes are still high,
So ower thi side i roar an screem
Come awa up, We a dizin a steen,
If only thi fish wid cover thi fleer
En homeward bound we wid steer,
We steem aboot, A ower thi sea
Serchin for fish, Well et least wer free,
Wer day is noo deen, Weev teen a et we can

Thi Lyfe An Tyme's O An Enshoar Loon

So tae Peterheed Market, We gin tae lan,
Twa box's o Codlin's, Is a et we get
A Ling, A Fightin, A Munk an a Skate,
Roon wer starn thi skurry's flee
They mak a soon, Jist like music tae me,
As we gut wer fish, Tae thi skurry's plee
Thi breakwater aheed, At's fit we see,
Through thi pier's, Makin wer waiy
Thi sun gan doon, A reed glow in thi sky,
Eis we land wer fish, Along side thi pier
Big boat's come tee, An gee us a feer,
Lad's shoutin doon, Yeel niver be poor
Yeed better shift, Or be crushed for shoor,
Oot thi breakwater, Boddim Hairber we steer
It's low water an dark, Sincler's Busk is neer,
In tae wer birth, O weer jist dun
A wer strinth, His geen doon we thi sun,
We tie up wer boat, An somebody shout's doon
"Fit did ye get thi day, Ma loon?"
Well a liftit ma heed, An gid oot we a sigh
An i said, "Poverty" at's ma reply,
We pump oot thi boat, An tik aff wer geer
En clim up thi trap, An ontae thi pier,
Now eis is ma poem, It's thi end o thi day
Am nay finished yet, Ave got sumthing tae say,
Big boat's tow inshore, An rip thi grun bare
They tak a thi fish, An thi feedin they scare,
A sma boat's livin, Hoo lang will it last
In a maiter o time, Weel be a thing o thi past.

"THI GIPPER"

Thi Gipper weis thi Lanloard o thi Seaview Hotel, Boddim. He ren hee's Hotel an Bar we feirm authoretee, bit on sayen aat, eense yea got tae ken em, an aw hee's wuiy's, hee weis a fyne lad deep doon. Aye wid offen frequent hee's bar, cus eit weis fyne an neer thi hairber, jist a steen's throw. Fin yea gid en tae thi bar, an eif their wisna muckle custimer's, hee weis offen fun, seitten enaith thi tee vee, puffen awa on hee's pype. Noo, hee cloaket yea cummen en, so fyne did he ken yea wis air, bit sumtyme's eiss weis jist hee's wuiy, an yea hid tae hay a wee bit a payshense we em. Noo, aifter twa or thri mintee's hee wid poor yer peyn't, kennen exactly fit yea wis winten, fyle aye looken et thi box an puffen awa. A winner sumtyme's eff hee manayged tae reed yer meynd. Meyn yoo eif eit wisna thi richt drink eit hee poort ma, awidda'v steil drunk eit oneywuiy an nay sayd neithin, cus hee wisna a lad tae argee wee. Oneywuiy, a weis eit eih bar aye day, an er weis twa or three ither lad's en eisweel, fin thi Gipper roart oot, "Eis their oneybudee sikken tae gin Grouse Beetin, cus wer short a beeter's." Noo, aye jumpit eit thi chunse, cus a hid nivver deen aat afore, an a wis skint. So hee got twa or three o eis entae hee's Landrover an awa we wint, enlaan a puckle a myle. We weis en Choochter Cuntraiy noo, far thi language got qweerer. Ye see thi Choochter's spoke jist thi saim eis heis, bit enstaid o spikken theiy seemed tae seing, an thi wer gweed seingers eis weel. So feyn yea spoke tae theim, yea seemed tae en up seinging eit oot ena, eit weis lyke a hail queyer a fowk seingen tae een anither. Aye eit weis a majic expeereeanse, nay tae be meissed. Oneywuiy, oot we aw geis an seit's doon on eih tap o eis squaar bayls a straiy. "Fur eih luv a Tufty's Annie's," a say's, cus yea widna bileeve thi differense en cultcher noo, er weis heep's a lad's stannin aboot wee Tweed Jacket's an Bonnet's, we their Sheeten Eiren's ower their airm's, an a sma glais a fuskey en their ither haan's. "Ooow helooow old chap," "Eit's a raathaaaw spiffing day today fooaa the shoot Looaad Andrew." "Verree veerree nuice too see yoo Looaad Andrew old boy." Well eis weis geeten tae me, cus yea canna unnerstaan at forrener's. Then a heerd een o thim sayen, "Weer gooeen to shoot the Peasent's," Noo, a understood aat, an geid entae a panik, theinken "A hope their nay spikken aboot heis!!" Bit eit turn't oot, eit at wisna thi case, eis thi Gipper explained tae ma, fyle caamen ma doon. Oneywuiy, entae thi wid we aw wint, "Yee hawwen" an belten entae thi peer tree's we steik's an kikken booshe's, skayren oot a thi Peasint's. Fyle thi Old Chap's a stood en a raw eit a cleeren eit thi ither syde o thi wid, an ov coarse

Thi Lyfe An Tyme's O An Enshoar Loon

theiy wis sheeten thi peer craiter's, fin wee scairt thim oot, jist a massacre. Oneywuiy, aw thi craiter's weis gaithert up an pet entae a muckle pyle, fyle thi Old Chap's wid say, "Rathaaw a good shoot today looaad Andrew old boy!" Eit thi en o at escapaid, we loupet en o thi Landrover, an maid wer wuiy baak tae Boddim, we wisna evin offert a byrd fur wer supper, "At's grattitued fur yea, an nay verra sporten old boy," a thocht tae masel. On thi wuiy tae Boddim, thi Gipper wis dryven an puffen awa on hee's pype, fin aye say's tel em, "Fit's aw eis Looaad Andrew beisness?" Et at, thi Gipper took eih pype oot o hee's moo an say's, "Yea see, abudee caa's em Looaad Andrew," an thein er weis a pawse, an hee say's, "Bit aye jist caa's em Andrew," an aye thocht tae masel, "Well dun sein," an a respectet hem fur aat.

Noo, thi Gipper weis fyne eis lang eis yea didna cross em, an aye day at's jist fit twa or thri rowdee teenaiger's did. Thi teenaiger's weis mucken aboot roon eit eih bar door an geein thi Gipper jip. Noo, hee warn't thim twa or thri tyme's tae cleer oot, bit tae nay avail, eit jist maid thi teenaiger's wurse. So aat weis thi last straw fur thi Gipper, cus hee broch't oot hee's wheep an startet wheepen thim. Well aat seemed tae dee thi treik, cus eit thi craak o thi Gipper's hoarse wheep thi teenaiger's scatter't fyle sqweelen, eis thi wheep connected wee their airse's. Theiy didna buther thi Gipper again aifter aat. Thi Gipper hid a loon cad Bobbee, hee weis a big muckle strong broot, nay tae be messed wee, bit on sayen aat, yea coodna get a better soul, an he wis a gweed freen tae me. Oneywuiy, a weis en thi Seaview Bar aye day we "Bobbee" an "Jimmer's" at weis anither gweed freen. Noo, wee aw hid a gweed dram eno eis, fin Bobbee say's "Yea funsee gan oot en eih boatie tae haul a fleet a creel's?" Noo, drink an thi sea, wisna fit ye wid caa a gweed idea, so wee disyded, "tae gin oneywuiy." Bobbees boatie wis caad thi "Fyne Qwyne" an shi wis aboot 26 fit. Oneywuiy, wee swigged up wer dram's an, wakket ower tae thi baak o Parkies Garage, far their weis a thirtaiy fit drap, bit eit weis grassy, an their keyna weis a path. Noo, aa o a sudden, afore me an Jimmer cood get goen, Bobbee we fag en moo, jist teen aff an tumml't doon thi hill, roalen aw thi wuiy. Me an Jimmer jist looket eit een anither an rein doon thi path eis qwik eis weih cood, tae see eif Bobbee wis aw richt. Ov coarse hee wis lyen en a heep eit thi bottam o thi hill. Me an Jimmer's pikket em up an yea widna bileeved eit, hee's fag wis steil en hee's moo, jist a bit sqwashed looken. Bobbee beein eis chooch eis yea get, jist geed emsail a shaak an we aw gid oot en thi "Fyne Qwyne." We hault thi fleet a creel's fur hauf a box a Partin's, an Bobbee sujestet gan en tae thi Baiy tae see eif thi Russian's wid exchainge Vodka fur Craib's, ein ither wurd's "Barterin." Cus it eis tyme a yeer thi Russian Clondyker's wis heer fur thi Hirrin Season. Oneywuiy, en tae thi Baiy

Gordon Morrison

we geis an caim alongsyde a Clondyker, me an Jimmer's jist leift Bobbee tel't, so Bobbee's looken up eit thi Russian's on thi ship an hudden up twa Patrin's, tryen tae mak a deel, bit thi Russian's didna seem tae byte, thi jist looket at eis. Noo, Bobbee weis getten frustraitet eit eis an opint hee's moo tae showt up, fin hee's false teeth poppet oot o hee's moo an stytet aff o thi deck. Well at's aw eit noat fur me an Jimmer's tae burst oot lauchen. En turn aat scunnert Bobbee an we heeded fur Boddim Hairber. Thi qweer theing weis thi Russian's didna evin lauch at weis.

Anither tyme en thi Gipper's Bar their weis twa Glaisgae lad's caim en an startet playen pool. Een o thi lad's geid up tae thi bar an speert at thi Gipper, "Can a haw twao cheese toasties please?" "Noo, thi Gipper didna seem tae tak thi lad on, he jist looket eit thi tee vee fyle puffen hee's pype. Fyle thi Glaisgae lad continued playen pool, thi Gipper nippet bain an telt Jess tae pet on thi twa cheese toastie's, an caim baak tae hee's berth, jist en tyme fur Glaisgae, tae look roon an theink eit thi Gipper hidna moved, he jist seem't tae be sitten en thi saim plaice puffen hee's pype fyle watchen thi box. Thi Glaisgae lad teen an eil wuill eit eiss, an geid baak up tae thi bar roaren oot o em, we baitet braith, "A SAID CAN A HAW TWAO CHEESE TOASTIE'S," Noo, we aat, thi Gipper turn't roon, looket at em, caim aff o hee's seet, laid doon hee's pype, an teen a gip o thi Glaisgae lad, an hault em up ower thi bar, an said, "FOO MUCKLE CHEESE TOASTIE'S ARE YEA SIKKEN?" Jist eis Jess laid doon a plait on thi bar we twa cheese toastie's on eit. Noo, Glaisgae wis aat teen abaak an cunfeeoosed we thi hail situaitien eit hee hid nay mair adee thin jist ait hee's toastie's, an say nay mair aboot eit.

Noo, at's prubably fit wuiy hee's cad thi Gipper, cus eif yea crossed em, he wid gee yea a gip.

OPIN FIRE

Sittin et thi fire fur heet
Burnin coal, Stick's or peet,
Thinkin o thi thing's a lyke
Eis aye pit up ma feet,
Thi windae's battert noo an en
We thi sleet an snaw,
Sumtime's et is drivin rain
Fit thi win dis blaw,
A think aboot thi thing's a ait
Cod en fresh Fish Pie,
Makrel, Huddick's, Salmen, Kipper's
Aw smoked athoot thi dye,
Dressed Craib in shall, partin Tae's
Monkfish Tail an Prawn's,
Labster's, Mussels, Lemon Sole
Herrin, Dab's an Rans,
Eis aye sit heer dryin oot
A think o thing's like fine fresh Froot,
Strawberries, Banana's, Aipple Pie
An haimmaid Dumplin en a cloot,
A evin think o Mappy Stew
Eis thi reek flee's up thi floo,
Cornbeef Hash, Beetroot an Pea's
Bring's thi water tae ma moo,
A lyke tae think o aiten food
Lyke twa fresh Chuckin Legs,
An Scrammlt, Poached, Fried or Baked
Or Hard or Saft Beylt Eggs,
Lookin et ma fire sae reed
Mak's ma think o a this feed,
Huggis, Skirlie, Neep's an Tatties
Eis it need or eis it greed?
A cammin poor thi flame's releese
Thi mind start's driftin intae peace,
Sirloin Steak, Mushrooms en grease
A think o a eis thing's we ease,
Ither thing's spring tae meyn

Gordon Morrison

>Am en ma boat, A shot a line,
>Haulin up speer deep Cod
>Flat caam sea's an warm sunshine,
>Tattie's en, Tinfoil tae bake
>Eis fit a pit anaith thi grate,
>En oot they cum an nay ower lait
>If left ower lang they wul cremate,
>A curn a Nut's set up tae roast
>A evin heet a bit a toast,
>Athoot thi flame's a wid be lost
>"A" This pleesher et nay much cost,
>A canna think o nay mair noo
>Couse a eis thinkin's maid ma tire,
>Bit wun last thocht et eye admire
>A coudna dee athoot ma fire.

Thi Lyfe An Tyme's O An Enshoar Loon

Ronalt on eih Mermaid

"THI BEEM TRAWL"

Aye wis sitten thinken eiy day, fin we wis hayen wer tae. A rubbet ma chin an a scraatet ma heed eis a looket ower eit Ronalt, "aae," bit Ronalt jist gid ma a glower en return, couse en heis heed he wis thinking, "Aw no, fit's hee gan tae cum oot wee? Ar's nay doot eit'l be sumthin tae dee we hard laber we verra little return's." So a pet em oot o hee's meesery an said, "Fit aboot a Beem Trawl?" Noo a cood see he didna seem ower keen o thi idea so he replyed, "Fitiver ye think's eih best." Noo tae me at sujestet eit at least he seem's tae aproov o thi idea. So straicht awa a startet desingen in ma heed, an at led tae sketchen's an meeshermints, til a fynaly caim up wee an idea, an maid a model o eit. Noo thi original idea wis tae mak sumthin eit widna be ower hivvy, bit wid hug thi bottam fin et wis bein towed. So tae proov et's sail a miad thi model oot a timmer so's eit wid float. The Bridal's on eis thing hid tae be meeshert an set richt fur eit tae work. Thi big day caim tae try oot thi model an we thocht, Ther's nay chunce eit weer gan tae try eis oot doon eit eih hairber, couse weel get cad athin fae thi "Scrooteneer's." So we wint tae thi Den Dam, eit's fyne an qweat up air an naybudy kin see fit yer deein. We chucket thi prototype en ower thi three wheelter an maid straicht up Stirlin Hill tae thi Dam. Fin we got air, aye teen thi model bain thi path eit thi Sooth side, an gid Ronalt thi ither en o thi tow an hee stood on thi sma pier aside thi steen hutty. A chucket thi model en, she floatet bonnie. A gid Ronalt thi signal tae haul, an yea widna bileeved eit, she straichint ersail oot eis bonnie eis ye lyke an wint straicht tae thi bottam, we thi water beein cleer an thi beem cloass tae thi shore, aye cood see eit huggin thi grun an sitten bonnie an luvvl. Noo fitiver wuiy thi grun sloppet she keepet tae thi shaip o thi grun eis lang is Ronalt weiss pullen. Fin he stoppet pullen shi wid float up eis bonnie eis ye lyke. "At'l dee fur me"!! A say's fyle rubbin ma han's. Weel gait straicht on tae thi next stage. Ther still didna seem tae be muckle eenthoosyizm eminaiten aff a Ronalt eit eiss point. Weel fitiver we gaitheret up aw thi bit's an peeces eit we needed an assembl't thim en thi frunt gairden et twa Seaview Road. Aifter aw thi drillen an "Bolten," Couse we didna hay a welder, she wis feeneeshed. "Hoo ar we gan tae get eis doon eih road?" Ronalt said, we sum saarcassem. Aifter aw thi moo o this Beem wis tweentee fit wyde, bit eit wis jist aboot 3 fit thi ither wuiy. Anither thing eit wis gan throo Ronalt's heed wis, eif eis thing wurk's wer gan tae be oot eit sea aw thi tyme. Noo Ronalt wis a gweed han, bit heis wuiy a thenkin wis gin tae sea get deen fit ye hid tel, then eence yer

Thi Lyfe An Tyme's O An Enshoar Loon

ashore, at's you a cleer fur thi day. Meiy wuiy wis aifter yer cleer, think a sum ither wuiy a makken a shullen an getten yea baak oot again. Aye jist wuntet tae byde oot air, day an nicht.

"You tak at en an al lift eis en," Say's me, an thi twa o eis slowly bit shoorlee liftet thi contraption oot ontae thi road alongside thi three wheelter. Ronalt looket at ma an looket et thi car, an said, "Nay chunce"!! Sumtyme's a felt et Ronalt didna hay thi saim enthooseeism eis masel, an yea wid hay tae gee hem sum encouragement. "Cum awa look," A said, "Jist lift et on, an weel see fit lyke," So we at we liftet thi beem ontae thi roof o thi three wheelter an lashed a rope en throo thi windae's tae hud er on. Et looket jist eis bad eis Ronalt hid thocht. Eit wis bood richt ower lyke a binana an tae mak maitter's wurse, baith en's wis scraippen thi grun. Evin aye thocht eit eiss wis a no hoper, bit a niver let on. So nay tae be pet aff aye say's, "Auch ettel be aw richt, wer jist gan tae thi hairber." We at Ronalt reply's sarcastecly "Bit hoo are wi gan tae gen en ower?" Noo a hidna geen at maitter muckle thocht a must admit, bit nay tae be pet aff an makken on eit aye hid aw aat thocht aboot afore, A say's, "Thi windae's are doon, so we kin jist jump en ower air." Eesier sayd thin deen, bit we maneyged fitiver. So we jist teen wer tyme crawlen doon Seaview Road, tae fowk stairen oot o ther windae's. Thi scraipen noise maid thi situatien wurse. Anither theing et a didna seem feit tae thenk o, wis the neuk eit thi fit o thi brae, couse fin we tried tae negotiate et, thi Beem still hid a hud o thi road, an furrl't richt roon, proseeden tae bloke eih road, an ov coarse er wis a car cummen. "Quick!! Jump oot!" A roart. Eis peer Ronalt hid tae scrammel oot o thi passinjer windae, we a sma crowd gaitheren. So eence Ronalt weis oot he rapidlee squar't up thi Beem an we got on wer wuiy again, bit eiss tyme Ronalt waaket ahin thi three wheelter fyle hudden up thi Beem. We manayged tae negoteeait Hairber Street an turn't doon thi hairber brae. We reeleef en ma veice a roart oot tae Ronalt, "At's heis en thi haim run noo," Fyle sayen at, A looket en thi mirrer tae see eif a hid cheert Ronalt up, bit he jist didna seem tae look aw that impressed we thi hail situatien. Then a jist meyn't fit he wid be theinken, "Thi Scrooteneer's." Noo makken thi Beem up thi road wis thi easee bit, noo we hid tae mak thi net an thi grun geer doon on thi pier. An shoor anuff, fin we turn't up "we eis theing," on thi tap o thi car, they hid a feel day. A canna meyn richt, bit a think we left et lyen fur a day or twa, tae let awbudy get used tel et, or get fed up o eit an latch on tae sumthin else. A canna meyn eif at ploy hid wurket or no, bit we maid thi net an grun geer for her en thi hinner en, an she wis reddee fur her maiden trip. Thi next obsticul wis getten thi Trawl on o thi boat. So we pet thi Mermaid tee tae thi pier eit high water, an we a bit o a struggle, an twa or thri lad's on thi pier lyften an pooshen we got er aboord. Thi next day we steem't Sooth tae catch thi low water slack. We shot awa jist aff Longhaven Shoar. Noo, we wis shotten thi Beem oot ower thi starboord syde, so we hid tae furl roon cannie, fyle turnen intae thi tyde, so shi wid cum cleer o thi boat. Hayen deen at, an aifter thi Brydal's wis oot, we run oot aw thi tow rope. Eis thi rope wis runnen oot we wid tak a hud, "noo an en," tae pet sum strain o eih Trawl, so shi widna gin fool. Eence shot we towed her up throo thi last o thi tyde, tae keep awthin cleer. Then of coarse we got a slack water tow, fin hopefully the Flookie's wis up oot o thi grun, "feeden." Aifter towen throo thi slack we got a help fae thi flood tyde tae tow Sooth tae Ward Buiy. We towed richt en eis far eis aboot three futhem, so's eit wid be easier tae haul aboord. Noo, aw eit we hid wis a Hydeema Net Hauler, so eence we got thi Beem tae thi tap o thi watter, we hid tae struggle an chaw'v tae get thi Beem en ower. We wid tak thi Port Syde o eit en ower first, then Ronalt wid try an shi'v thi skee ower tae oor port syde fyle aye yarket aw thi Tickler's an Grun Geer en ower, bit we thi boat couwpen aboot. We wid offen hay maist o er jist aboot en ower, fin thi hail lot wid start shotten awa again. "Sheesh Kabawb," A roart, eis we struggl't tae keep er fae gan aw thi wuiy baak oot ower. Fit aye saved eiss happenen, wis the syde o thi Beem wid catch on eih Gunnel an tak a hud. Thi trubble wis, wer boatie jist hid ten fit a Beem so eif we didna manayge tae get thi port syde oot ower thi port syde o wer boat, then ther wis still ten fit o Beem sticken oot ower wer starboard syde, an en a bit a swall eit wis aye sikken tae shot awa again. So aifter chawvin we eis cairryon fur aboot an oor, we maneyged tae get thi Beem aboord an aw thi grun geer. Noo thi rest o thi net wis straicht up an doon we waicht, an am theinken, "Yawhoo," Bit Ronalt, pooren a sweat, didna seem ower empressed. Oneywuiy, we teen a hud o thi Dog Rope an hault eit ower thi hauler an up caim thi bag, full o Plaice an Parten's, Dabs, Freshies,Coal, Fighten's, A Haik an evin a sma Codlin. "O aye," A said, "Majic," Ronalt didna say neithen. Oneywuiy, we hid three lift's fur fower box's a Plaice, en at wis oot o sax box's a Bulk, fit wis realy gweed fur a sma boatie, an jist a twa oor tow. Oneywuiy we raid er oot, tyde up eih Cod en, an shot er awa again an towed North tae weel ensyde thi fleer's. Fin towen North we guttet, selected an washed wer catch. Ronalt seemed tae cheer up a bit an wid start tae studee aw thi Creepee Crawlies eit hid caim up en thi bag. Couse ivery noo an en, Ronalt seemed tae becum a Syentiffeek kyna lad, an gin entae a stait a studee. Sum o thi Craitter's he wis looken at, aye coodna evin see, he wid say "Ee, look et at now," Fyle puffen awa on heis pype. An am looken en o hee's han, bit coodna see naithen. Bit eit sootet me couse he looket happey. Wer next haul jist reeped hauf o thi feish eit we catched afore, bit aw an aw eit wis a gweed day.

Thi Lyfe An Tyme's O An Enshoar Loon

Thi Beem ov coarse keepet heis oot eit thi sea, day an nicht aifter at, tae Ronalt's disaprooval bit meiy delight. He pet at point across tae ma fin aye nicht, hee we pype en moo, blurtet oot, "Av nivver wurket sae hard fur sae less"! Aye didna say neithen baak en case ther wis meyootanee, an tae keep thi peece.

Sumtyme's we wid gin North tae Kirkten Heed an tow enna sum o at Bittie's a saft grun en atween thi Heed's, thi result's weis better sized Plaice. Bit a funny theing happint aye day roon air. Eit wis slack water an we wis maynen wer net, fyle hayen a cuppie a tae. An eis ye dee, we wis looken roon aboot an spottet eis twa lad's en a sma boatie we an oot boord injin, an they wer waiven ther han's aboot an seemed tae be shouten. Ronalt say's tae ma, "A thenk at lad's are en distress," Fyle puffen hee's pype. So a got oot thi binoculer's an fin looken a caim tae thi decision, "A thenk yer richt."So a sweelt ma tae oot ower an maid straicht fur thi lad's eit wer hardest. Eis we got cloaser we funnoot eit wis twa aul mannie's raiden ower a net. So we caim alongside tae see eif thi wer aw richt. Noo fur sum strainge reesen they wis still waivven their airm's aboot. "Er's a rangness heer," A thocht tae masel. A pet thi Mermaid oot a geer an poppet ontae thi deck far Ronalt wis still puffen awa on hee's pype, an looken confuchelt. Well a wis teen abaak fin a got oot, fur ther wis a hail barrage o ensult's aimed at eis. Thi twa aul mannies wisna jist fit ye wid caw awfa freenly, enfact thi wer craized, a thocht eit must be thi water roon heer or sumthin. "Get awa oot o heer we at great big muckle boat," Aye lad roart, fyle thi ither lad waivven hee's airm's, showtet, "Eif aye hid a boat lyke at a wid be oot eit thi Buchan Deep's." Noo thi ensult's wis cummen hard an faist an getten wurse. So we thocht thi best theing tae dee wis mak a dignified retreat. "Wid ye credit at," A thocht. An aifter at thi boatie startet up an heeded baak towards Buchanhyvin Pier.

Ronalt wisna jist ower keen on thi Beem couse eit wid creeait a lot mair work thin fit thi reward's weis. A sippose en ither wurds he hid mair since. Eis problim creeaitet a gap en thi market fur a crew tae gin tae thi Beem. So Mike Thi Bike full't at gap, fur a fyle oneywuiy.

Noo ivery tyme me an Mike wis oot ma packet a Chocklet Beesqueet's wid gin a messen. So aye day weer towen awa, Mike maid wer tae eis aye wis looken aw wuiy fur ma Chocklet Juiyjestives. Well a coodna fin thim naywuiy. So a brocht eis tae Mike's attention, bit tae ma surprise he jist lauchet at ma, until he twigget eit aw wis geein him thi blaim. So an argyoomint enseued, an he didna tak awfa kyndlee tae taken thi blaim. "Er's jist twa o eis aboord," A say's. "Yeev aiten thim yersail an forgotten," Mike replyed. "Boy's a deer," A thocht, a must be crakken up. Bit tyme aifter tyme thi saim theing happin't, ma Jaycob's Clubs, Ma Jaffa Caik's, an eit wis aye ma Chocklet Peece's. Eis createt a lot a frictien atween Skipper an Crew an a jist coodna get thi baak o eit. Eif onley a cood catch em en thi act a thocht. Hee's jist deein eis fur coorsness. So eis usual a cawed hem awthin throo sheer frustration, an a coodna catch em at et. En thi en, a fixed em, couse a didna tak a peece aboord. "At's fixed ye" A roart at em, he jist roart baak "Eit winna buther me, am sick heeren aboot yer peece's"!

A couple a month's aifter, a wis en thi hairber cleenen oot thi boatie an looken fur aw thi leek's eit hid gaithert up, so's a cood patch thim couse ma electric pump weis wurken overtime. Oneywuiy, a liftet up thi fleer boord's ensyde thi Wheelhoose. "Fur thi luv a Tufty's Annie's," A roart. Wid ye bileeve at, en atween thi Ballest wis a great muckle Rat's Neist. Aw bonnie chawed an shaippet tae fit. An en cloaser enspectien, heer wis aw ma Impity packet's o Beesqweets maid en tae a neist. "Peer Mike," A thocht. Noo tae eis day am nay shoor eif aye appolijised tae Mike, eif a didna Mike, weel heer eit eis en reytin. "Am deeplee soarry fur blaimmen ye Mike."

"FREEK WAIVE"

A hid gotten masel a job eis a Brickies Laburer eit thi new Raaf Cump, thi wer biggin eit Boddim. Eit weis fyne an handee cus eit weis neer haan far a beyd we ma mither Raachil an ma faither thi Chief. Eit weis fyne ena cus their wis a lot a fowk a kint wurken air eisweel. Includin "Davey Kinset," thi skipper o thi "Rainbow" et at tyme, hee weis a Brikkies Laberer eis weel. An ov coarse hee's brither, "Jockie," wurket eis a Brikkie, so ther weis nay shoartage a craak. Eiff eit weis awfa frosty or pooren a rain, we wid jist sit an play card's en thi tae hut. Me an Dave wid offin cal oot eis a lauch, fur a Yoonian Meeten, cus we cood hay a gaime a card's fyle thi Shop Stewart's an Lad's weis aw arguen, ov coarse we hid great fun we theis, cus we wisna en thi Yoonian. Eit's a gweed job aat either lad's didna fin aat oot. Oneywuiy, eiss weis a gweed shuv en fur thi winter, fyle yea coodna get oot fur wither, or their wis naythien taken, bit we wid steil work wer boatie's eit nicht's eif wee got a chunse. Meiy boatie wis thi "Mermaid" eit aat tyme, an Jim Burnet weis ma croo. Noo their wis a hail weik geid past an wee coodna get oot fur wither, so aye nicht their weis a brak en thi wither an thi tyde wis wurken oot fur far we weis sikken tae shot. Eif we kin get shot thi nicht, en we wid hay sumthein tae haul thi morn, so aat saives waisten anither day. So a got a hud o Jim, we gid aboord thi Mermaid, fyr't er up an loused er aff. Noo, eis we weis steemen throo thi hairber, we spottet aul Bob Young stannen eit thi peyn't o thi peer, so aye roar's up, "Yea cummen oot fur a sail Bob?" An wee aat Bob reply's, "Aye eis lang eiss yer nay gan tay be oot lang." "Naw naw," a say's, "Wer jist shotten twa fleet's a net's an cummen straicht baak en." So we aat Bob boorded an we set sail North tae thi Docter's eit thi baak o thi Skerry Rock, bit North a bit. Noo, eense wee got oot tae thi mark's eit weis a reel coorse keyna day, bit eit weisna coorse anuff fur a 29 fit boatie. So we steem't oot wer daan, an a furult thi boatie roon, an roart oot tae Jim tae shot awa thi unker. Noo, unker's wisnae a gweed choyse fur thi Docter's cus their wis a lot a aul wyre rope an sein net rope dumpit heer, richt on wer mark's, so fin ye hault yea wid offin tak a hud o aw theis shyte, an fit a chaw'v ye wid hay we eit, cus mair offin thin oney, yer unker's widna trip wee theis. Oneywuiy, aye hid nay choyse, bit tae shot an unker cus we hid jist meyssed thi slack water an their wis a sup tyde on noo, so a hid tae mak shoor wer net's teen a hud on thi mark's, an nay tak aff we thi tyde. "Fitiver," we shot a fleet a net's doon an jist hid een mair tae shot. So Jim wis chucken oot ower thi last daan an hee weis getten soaket wee thi spray loupin en ower.

So aye roar's, "Cum awa entae thi wheelhoose Jim, an nay get weet." Well, "Boy's a deer," at weis thi understaitmint o thi yeer, cus fin Jim caim en, we shut thi wheelhoose door. Noo, we looket up aheed an seen eiss waive, straicht up an doon, a lot bigger thin oneythein gan aboot at day, eit seemed tae be a hail waa a water, eit weis skairry. Bit thi distance awa eit weis, we thocht, auch at winna buther eis, cus eit's bountae braak up lang afore eit reeches heis. So aye shut's doon thi throttle, so's thi injin wis taken ower an we wid maneyge tae keep thi stem up throo thi ween. Noo, thi three o eis didna spik cus eit seemed tae be growen evin bigger, sooken up aw thi sea roon aboot eit, thi qweer theing eit we coodna get ower weis thi steepness o thi theing. Eit weis jist straicht up an doon an a coodna bileeve, eit seemed empossable, fit wuiy eit wisna braaken, jist heeden straicht up. Eis eit got nearer haan, eis eif be majic, thi ween stoppet, bit eit weis thi waive eit hid blokket eit. Eit weis eit eiss peyn't eit a theink we aw kint eit wer tyme hid cum tae meet wer maaker. Well eit reached wer stem, an their wis nay chunse o heis gan up eis waive cus eit wid jist shiv wer starn doon aneith thi water an we wid turn turtil. Yea hid tae crooch doon tae see thi tap o eit oot o thi wheelhoose windae's, eit weis higher thin thi hicht o wer mast. Itherwurd's we wis at et's mairsay, "Haddeet." Eis a wis looken eit aw thi different shaid's a couler en thi waiv, awthein seemed tae gin entae slow motien, yea widna bileeve thi fit o thi waive tuched thi stem, an then shi breeched an fell doon on tap o eis, "**CRRRAAACK!!, SSSSHHHHOOOOSSHHH!!**" Thi windae's aw burst en, fit en turn burst opin thi wheelhoose doar. We wis actually sweemen aboot under thi water ensyde thi wheelhoose, aye weis tryen tae look fur Lyfejacket's, fyle Jim weis mair cunsayrend we looken fur hee's bunnet. Bob weis roaren, "Heed fur thi Breakwater!!" "Heed fur thi Breakwater!!" Eense thi water subsydid, an weih got wer braith baak, we composed wersel's, an funnoot eit thi boatie weis steil floaten, luckily anuff eit weis jist hauf full a water, an wer injin weis aye gaan. Whit a relief, so eis wer Otamatic Pump weis gan, we slowly creepet wer wuiy baak tae Boddim hairber. Abuddee soakket throo tae thi skin, we nay Windae's, aw thi Electric's, V.H.F, Feish Meter, Navigater wis aw hingin ein bit's. A theink eit weis sheer reeleef fin we looket eit Jim, wee nay bunnet, tryen tae roll a soaken weet tickler, fin we aw burst oot lauchen. Fin we moort up thi boatie, a telt thi croo tae gin haim an get dryed, fyle aye pumpet an bailt oot thi boat. A canna meyn fit we got en wer net's thi next day, a theink eit weis a box a Codlin's. Bit thi Mermaid weis raaket aifter aat, shi leeket lyke a seeve, an eit weis beyond patchen up. So a hid tae tak er oot o thi water, dry er oot an Fyber Glaiss er, eit weis a lota work an mair bawbee's spint oot, bit eis wis wurth eit tae extend ma boatie's lyfe. A aye meyn fin me an Jim weis oot et sea aifter

Thi Lyfe An Tyme's O An Enshoar Loon

aat, eif we haird a sma waive bracken we a , **"SSSHHHOOOSSSHHH!!"** We wid jump, an look roon aboot, we weis a bag a nerve's fur a fyle aifter aat, an as fur Bob, eit weis strainge he niver seem't tae wunt tae gin fur a sail we heis again, evin tae eis day.

FREEK WAVE

A wik gid past an we coudna get oot, Bit wun day we gid we a bit o a doot
Eye said tae Bob Young, Ye cummin oot for a sail?
Bit, little did he ken fit this wid entail,
So oot we a wint, We maid good speed
North tae the Docter's, Jist aff Peterheed,
Bit we hid tae dodge, Fin we got oot air
The win wis Southerly, An the wave's wis gan spair,
We shot eiy fleet doon, We the flood tide
Jim chucked the last dahn, Oot ower the side,
The three o us stood, Inside the wheelhoose
We a look o feer, An eis queat is a moose,
For we lookit aheed, An fit did we see?
A great muckle wave, Eis big eis a tree,
Eye shut doon the throttle, An let her tik ower
So the wave wid brack up, An be a bit lower,
Wer hairt's tae wer moo's, Did gin oot we a leep
Weed niver seen a wave, Say big an say steep,
Richt eiry coulers, In that wave did we fin
It feert us mair, Fin it blocket the win,
Then it slowed doon, Is though it wis taim
Jist like slow motien, Twa fit fae the stem,
She curlt an broke, An fell doon on the boat
Wer windaes burst in, We wis bairly afloat,
Heed for the breakwater! Shoutit Bob Young
Jim Burnett pure fight, Eis he held he's tung,
Slowly bit shoorly, We maid wer waiy in
Like three droont rat's, Soaket throo tae the skin.

Three folk nearly lost ther lives en this episode trien tae mak a liven!

Thi Lyfe An Tyme's O An Enshoar Loon

Mermaid

OTAMATIC PUMP

Spring's heer noo, The sun is oot
It's time tae pint wer boat,
Calk the plunks, Hud in thi oakem
An hope et sheel still float,
She lay on thi pier fur twa or three munth
Till aw her plunks wis dry,
Weytin fur thi spring tae cum
An hopin thi worst's aw by,
Thi cran cum's oot tae Boddim
An lift's thi boaty's en,
Folk roarin, Haulin it slings
An makin an awfa din,
Thi first thing, Et wee dee noo
Is check doon abilow,
It's nay say bad is last yeer!
She's takin water, Bit slow,
Weel let er settle a twa or thri day's
She's bount tae tichen up,
An shure anuff a wick geis past
She's only tikin a sup,
Three wick's gin past, Weer oot et sea
The win's freshnin faist,
A wave bracks, across wer bow
A shudder geis up wer mast,
We haul wer net's an heed fur shore
Whit a coorse day,
Hauf waiy in, A say tae masel
Eis eiss thi gabs a May?
The spray is Lashed in ower thi boat
An i shout, "Far's thi pail?"
Thi fleerboords float aboot ma feet
En aw a coud dee wis bail,
Lucky we wis on wer waiy in, We jist teen wun bad lump
Bit fan we got ashore, I bocht an Otamatic Pump!

"BUD"

A hid been wurken awa masel noo fur a fyle, wee ma boatie thi Mermaid. Shi wis a 29 fit Lyfeboat, converted fur thi job o Gill Net's. Eit wis summer tyme so a wurket oot o ma haim port a "Boddim," a didna hay nay rigret's aboot wurken masel, cus their wis nay anuff Bawbee's cummen en tae pey a croo, en ither wurd's, "Nay feish, nay bawbee's," Codlin's wis getten guiy scairse, eis thi yeer's gid buiy, thi Codlin's gid buiy esweel. A sippose ye canna keep taken oot o thi sea, an nae pet neithen baak. Eff yea theink aboot a fairmer, fin hee tak's en hee's hairvist, he heis tae plunt again, en ither wurd's, "Gee baak," so's he kin reep again neest yeer. Aye ayewis wantet tae dump load's a scrap tyre's wee cheyn's roon aboot em, oot eit sea. Eit a sairten bit jist aff a Boddim, so's tae maak a Artifishel Reef, an a thocht eit eff anuff boatie's wid dee at, noo an en, ower thi yeer's we widda maid a fyne Artifishal Reef, tae help preserve thi feish fur feeootcher fowk tae get a liven. Bit ov coarse fin spikken tae ither lad's aboot eis, yea wis jist looket at eis a nutter, an thi "Srooteneeren" atychood wid cum intae play. Eit wis an atycood eit felt eesee fur fowk tae fae entel, couse eif fowk wisna fitten en, thi best wuiy tae be accepted wid be tae agree we fit fowk wis used til, an rubbish oney progress or theing's eit thi didna understand. An ov coarse they wid bicum a lad eit ken's fit their spikken aboot, sad bit troo.

Oneywuiy, getten baak tae thi, "Norm" A wisna deein auffa weel, "Povertee." Bit no an en a wid get anuff tae tyde ma ower, fur enstinse a hault ma net's eit thi en Buiy Wreck, or Birnie's Wreck. Noo, eis wis a Wreck eit eif ther wis nay Codlin's ther weis Saith's an pluntee o thim, bit oneywuiy, a jist maneyged tae reep hauf a box a Codlin's, an a gweed sized Turbit. Thi Codlin's jist caim tae thirty powin bit a got saxty powin fur ma Turbit, so eit at tyme at Turbit maid up ma wayge jist fyne, an sayved thi day. Oneywuiy, getten baak tae ma storie, thi hairber wis aye an atractien fur young loon's, so eit wisna lang afore een o at loon's caim aboord ma boat, fin a weis raiden ower net's, "Fit's eer naim?" a ask's, "Bud" eiss young loon say's, fyle pikken up thi leedlyne an helpet ma raid ower. Noo, iverytyme a caim ashoar, Bud wid turn up an gee ma a han, eit wis jist lyke fin aye wis a bairn aw ower again. So we bicaim reely gweed freen's, he yappet an awfa lot, bit wis a gweed haan an awfa gweed cumpinee. Eit turnt oot eit a kint hee's ma an da awfa weel. Noo Bud beein a young loon, full a been's, he wid be awfa chickee ena. Eif he got fed up, jist look oot fur thi divvelmint. Noo, aye wis feyn aboot at maist day's, bit eif a hid a hang ower, a didna hay thi saim payshense. Fyle hayen a dram en thi Seaview aye nicht a telt hee's ma an da, an they say's tae ma, "Mojo, eif yea get oney lip, jist clap hee's lug." So aye meynt en eiss. Aye day, fin Bud weis on a high, A tried tae pet eiss entae practess bit eit jist didna work, cus ye coodna catch em, he weis jist ower faist. Noo, Bud clikket ontae thi fact eit a coodna catch em, an eit jist seemed tae mak a baad situation wurse. Hee wid gee ma chick an rein ontae thi peer we me hait on hee's heel's, bit he widna tak aff, "O no", aat wid be ower eesee. He wid rin roon aboot ma car we me chaisen em, til ov coarse aye got puffed oot. En thi hinner ain aye learn't nay tae byte fin hee wis en een o at mood's, an jist axcept thi chick. Bit aye meys't em eense he gid baak tae sqweel aifter thi summer holiday's.

Al niver furgait thi tyme Bud caim doon eih road weeren a pair a dungaree's, aye wis lauchen ma heed aff. Fit maid maitter's funnier, hee's hair wis aw spyket ena. Aye roar's at em, "Far's yer bucket?" couse he lookit thi marris a Oor Wullie. A got ma ain baak on em aat day, "Ha,Ha." Oneywuiy, me & Bud gid oot tae haul a fleet a net's eit thi oot Buiy Wreck, at Wreck wid reep a better qwality a feish, bit wid offen hay Ling on her. Noo, I lyket a Ling. A wid offen tak een haim fur a fry an Raachil wid maak reely taisty feish cakes we thim. Bit Ling didna seemed tae reech an awfa gweed price en thi market. Eit wis sad couse, thi wid be gweed big craitter's a Ling fae eis Wreck, "Reely gweed aitten," fin we reached thi Wreck. We hault wer geer eit slack water an jist got aboot a box an a hauf, an shoor anuff thi hauf box wis Ling.

Bud, eis keen eis yoosual, say's "A'l peyk thi feish oot o thi net's, fyle yoo hay yer tae, Mojo," aye say's "Att'l dee fur me," so fyle drinken ma tae an chawen ma peese, a pet thi hunnel doon an steemed fur thi shoar. Aifter ten meeneet's Bud roar't at ma, "Geese oot thi nyfe," so aye grab's thi lowen maisser eit weis stikken on eih mast,an flypet eit ower tae Bud, an geid bak entae thi wheelhouse. Anither qwatter o an oor gid buiy an aw wis theinken, "Ken eis at's a grait haan at loon." So a looket oot o thi wheelhoose windae tae see Bud houken awa eit ma net's wee thi lower maisser. Horrifyed a loupit oot o thi wheelhoose roaren, "Fit thi hell yea deein tae ma net's?" an caamly Bud reply's "Eit's eeseier tae get eih feish oot eiss wuiy. Ken eis a winnert fit wuiy hee weis getten on say faist taken oot thi feish. "Ma gweed net's eis rippet en bit's!" a say's tel em, an a wis reed maad. He lookit at ma an say's, "Dee eit yer bluddy sail en!" Well aye weis teen abaak, bit eis a deescuvert afore, theirs nay chunse o ma clappen hee's lug, cus hee wis ower qwick, an aw wid hay tae chaise em aw ower thi boat tac try an catch em. So a gaithert masel an telt em et's aw richt ma loon, "Fit weel dee eis, a'l peik thi feish oot o thi net's an yoo

Thi Lyfe An Tyme's O An Enshoar Loon

kin be thi skipper. So eit wis agreed an Bud nippet entae thi wheelhoose. Noo, aboord thi Mermaid, she hid a Ford 70 Horse Poor Injin, eit wisna a hivvee jootee injin, or slow revving. She wis a short stroke injin, so at mint eit, eit wis a high revving injin tae get 70 hoars poor oot o a twa an a hauf leeter. Ther wis aye control fur thi throttal an anither een fur thi geers. So yea hid tae shut doon thi throttle first, afore taken er oot o geer. Aye explained aw eis tae Bud, an we hee's usual keen ness he say's, "Aye at's aw richt, awa ye go oot ontae thi deck oot o ma road," so at's fit a did. Hauf an oor past an we wis getten cloaser tae thi shoar, noo, at mint Bow's floaten aboot aawuiy, marken far fowk's creels wis. A wis jist aboot cleer gutten an washen wer catch, an a telt Bud tae watch oot fur Bow's or Stowie's. "Aye,aye" he say's, so a wurket awa raiden ower thi net's fur shotten again. Withen a puckle a meeneet's, Bud hault thi boat oot a geer, athoot shutten doon thi throttle. **"EEEEIIIIRRRRRRRRRRRR**," thi injin roart flat oot. Eis aye paniked theinken, "Ma peer injin!" Bud hid reealyzed hee's mistak an we thi injin revving flat oot he pet er bak en o geer, "THUMP." Eis thi rev's drappet again. Ken eis, a neer hid hairt failyer, eit's a gweed job a hid a Hydrolic Geer Box, an al tel yea, "At's a gweed advert fur a P.R.M Geer Box, couse shi wisna dammeyged." Aifter aw aat, a steil didna clap hee's lug, a didna hay thi hairt til, an aw cood see he weis feelen baad aboot eit. Eit lees't heel ken nay tae dee at again.

Eit nicht's me an Bud wid gin tae thi Makkrel, jist afore thi darkness caim doon weis thi beyst tyme. So aye nicht we wis wurken thi fly's fur Makkrel. Thi fly's wis a string a sma hooks we either Faither's or Bit's a plastik tyed ontae thim tae attract feish. So we hid a coupil a box's full awreddy, fin Bud say's, "Av got a hook stuck en ma thoom!" Ye see eis hook's beein sae sma an awfa shairp, an thi Makkrel jumpin aboot fin yea teen em aboord, eit wis afwa eesee tae get nippet we a hook. Oneywuiy, a say's, "Geese a lookie at et." "Boy's a deer," Fin a seen eit, eit wis richt haim aneith thi skin. Noo, eit widna been sea bad, bit ye coodna see thi barb. Thi barb eis thi bit eit steiks oot so eit fin yea tak a feish thi hook geis en an thi barb stop's thi hook fae cummen baak oot. Aye tryed sair tae tak at hook oot, we thi loon gan "Aah, Ooo," iverytyme a yarket eit, "Na,na," a say's er's nay chunse a taken at oot aye noo. So a cut eit aff o thi lyne an left eit stekken oot o hee's thoom.

Thi feish wis aye taken eit eis point, so Bud, gee hem hee's due, wurket awa we thi hook nippen, couse o thi saat water. A wis prood o em, jist esthoo hee weis ma ain loon, eit maid ma feel gweed. Oneywuiy, we got ashore fin we wis cleer feishen, moort up thi Mermaid, pet wer feish en thi trailer, an heeded fur thi Toon tae laan. On thi wuiy en a drappet Bud eit thi Cottaige Hospitil, so's thi cood see til em. Aye gid on aheed an lannet

Gordon Morrison

wer shot en thi market, then gid baak tae peik up Bud. Noo, aye hid an awfa laach tae masel fin thi loon caim baak oot o thi Hospitil, he cood harley seit doon, Aye say's, "Fit's a dee ma loon?" An Bud say's "Well a wint en we a sair thoom, an thi sortet at, bit thi gid ma an injection en ma airse fur tetness!" An aye say's sarcastiklee, "So noo yeev got a sair airse ana." "Ha! HA! HA! HA!" A coodna contain masel. "Att'l get yea baak fur aw thon tyme's yee wis chikky tae me."

Aye reelee enjoyed at loon's cumpanee, an will ayewiss cherish aat memories.

BEETLE

The Volkswagin Beetle's ma favorite car
It's jist a wurk o art,
It'l drive ye neer an drive ye far
We eit al niver part,
Sum folk glowers, Is ye drive throo toon
They think it's a funny shape,
They think it's neether squar nor roon
Stairen we moo's agape,
A like ma Beetle, She's simple tae drive
In er's plunty a cumfert tae me,
Thi body is strong, Tae keep ye alive
In case ye bump intae a tree,
It's cosy in winter, Thi heeter is hait
Fin ootside the win is blawin,
A storm brew's up, Bit i see athing staicht
Couse thi windae wipes cleer fin it's snawin,
A shock i did get, Fin i teen a look
Thers nay injine aneth thi bunnit,
En, A thocht tae masel, Al opin thi boot
An sure anuff at's far a funnit,
So buy a Beetle, It laist's ye fur yeers
Invest yer munny weel,
For enside at car, Ye hinna nay feers
An eits great tae sit it thi wheel

"JAWS"

"Yea ken eis," fit a bonnie summer's nicht eit weis, eis a weis waaken doon Seaview Road. Thi sun weis steil up, an eit wisna evin caal. Aye weis heedin taeward's thi Seaview Bar fur a pynt an a dram, bit eit weis sik a fyne nicht a feylt, 'draan' tae gin oot tae thi sea, a cood smel thi fresh saatie air, an eit wis gan straicht tae ma hairt eis weel eis ma lungs, a feelin a canna reelie explain, jist eit, eit weis grait tae be alive. A weis ful a been's an struggling atween thi bar an eih sea. Eit weis chooch fur ma tae beyd ashoar eit aat tyme. Eis a wakket roon thi Seaview neuk, a spottet, "Muskie," stannen ower eit thi baak 'o' Parkie's Garrayge, a plaice far monnie a lad wid stan an look oot tae thi sea, afore crossen baak ower thi road an entae thi bar fur a dram. Fin seein Muskie a nippet ower tae spik tel em. "Fit lyke an Muskie?" a say's, "Auch, nay baad," Muskie reply's fyle aye looken Eastward's taeward's thi water. "Yea meissen yer boatie?" say's me, an Muskie say's, "Aye bit am nay say aibil noo." Ye see Muskie hid twa or thri boatie's ower thi yeer's an weis weel kint fur, wurken awfa hard an taken a lot a Labster's an Partin's. A meyn, aye tyme thi Labster mannie weis doon on thi peer, buyen abuddee's Labster's, an een o Muskie's Labster's weis aboot fifteen pun, fin thi Labster mannie say's, "Hauf price fur aat een," Noo, eit's bad anuff chavvin aw day tae catch thi Beestie's, bit thi Labster mannie wid aye try an get em fur naithen. Eif een hid a slytlee sma'er claw, "At's a crippul, hauf price," he wid say. Oneywuiy, eis weis an awfa bonnie Beestie, an eit wisna evin scabbie. Muskie, quite richtly tried tae get mair fur thi beestie, fin thi mannie aifter wuiyen eit, pet eit en hee's van, fyle sayen, "Hauf price, take it or leev eit," Noo, wee aat, Muskie teen eit baak oot o thi van an flypet eit en ower thi hairber, far eit teen aff lyke a rippet saith. Well at's Muskie fur yea, hee's last boatie wis caad thi "Boy Bob," aifter hee's blaak Lab. Muskie saylt er, an er skipper noo eis Peter McCaiy, an shi's noo caad thi "Suzanne." An ayedeea caim entae ma heed, so 'a' say's, "Yea funsee gantae thi cal eiron thi nicht, Musk?" "Faan aye noo?" Muskie say's "Aye richt eis verra meeneet" say's me, "Yea kin get a dram fin yea cum baak ashoar." We aat Muskie say's, "Auch, cum on en," an thi twa o eis nippet doon aboord ma boatie, thi "Mermaid." We fyr't er up an nippet oot throo, Sincler's Busk an thi Meukie's, we thi hunnal weel doon, so's tae reech wer bittie, tae shot wer geer, afore eit's ower dark. We steem't er oot, eis far eis thi middle grun, Earls, kyna wuiy, straicht oot East fae thi Meukie's. Fit a fyne chunse eit weis, thi sun jist gan doon, an a airy 'o' aib tyde. Their seem't tae be a

104

warm airy a win, eit wid brush yer deish noo an en, "Ken eis whit 'a' majic lyfe tae hay." We shot wer fleet 'o' drift net's, richt East, across thi tyde, an tyed a big plaksheet bow, onna thi en, so we cood keep an, "Ee" on thi net's an nay loss thim. So eis we driftet North, a shut aff thi injin so's we cood injoy thi fyne nicht. Wer boatie weis sitten aboot 300 yards East o wer geer, so aye pet on thi kittil, fyle Muskie, roal't a tickler. A switched aff aw thi licht's tae sayv thi battery, an jist left thi V.H.F on. We weis drinken wer tae, fyle discussen thi fyner peynt's o thi job, an aw thi feish eit got awa, fin, oot o thi bloo, eis loud, squeelin, snortin noise, weis cummen fae wer net's. We immediatly jumpit an lookit roon, jist tae see a grait muckle splash, ein aside thi big plaksheet bow. "Fit en eirth weis aat?" a roart, we a panniky keyna veice. Eis Muskie we tickler en moo, grabbit thi clip. "Weel hay tae envestigait," he say's. So we aat, a fyr't up thi boatie an, we thi injin jist taakin ower, we slowly kreepit tiward's thi bow. Bit did thi bow nay disapeer oot a sicht, "Far's thi bow geen?" a say's, fyle Muskie roar's baak, "Eit's been hault doon." A pet thi boat oot 'a' geer, jist incaise we weis ower thi tap 'o' thi net's eit we coodna see, thein up pop's thi bow, aboot ten fit awa. "Boy's a deer, eiss, eis getten creepie noo," a say's, fyle theinkin aboot yon film on thi t.v, "Jaws," cus a similar theing happint tae thi lad's en o thi film. A stuk thi boat en a geer again an slowly furlt thi boat roon tae sqwar eit up we thi bow, fin eit weis hault doon oot a sicht again. "Are we gan tae need anither boat," a thocht, cus oor boat weis jist 29 fit, an fitiver eis haulin doon at big bow must ba a fayr size an strinth tae dee aat. We sut oot a geer, fur a mintee fyle wyten fur eiss bow tae pop baak up. Pairt o ma weis theinkin, "A hope eit disna cum up, cus weel hay tae deel we eiss munster, fayce tae fayce." **"FOOOSSSHHH!!"** Eis thi bow pop's up tae thi surfaice again, richt alongsyde wer boatie. Muskie, emeediatly grab's eit we thi clip, athoot a thocht, an haul's en ower thi bow. So thi twa o eis startet haulin en thi net's, fyle battling we hivvy tug's on eit. Aw thi tyme theinken "Fit's, gantae cum up oot o thi depth's?" Fin aw o a suddin, eiss big heed caim up oot o thi water alongsyde thi boat, we raw's 'a' teeth aw tungult entae thi gut net's. Fyle recuverin fae thi immediat scair, we discovert et, eit weis a familiar looken beastie eit we, weel kint aboot. Eit weis ower big tae be a Porpoise eit aboot fowerteen fit lang, an hee hid mair o a snoot aboot em, far hee's teeth weis, so eit musta been a Dolphin or sma Whaal a sum kyne, neithen unusual fur aff heer. Sumtyme's yee kin heer thim breethin eit nicht eif yea shut aff yer injin. **PHHHOOO!! PHHHOOO!!** Yea wid heer eis thi wid surfaice fur air.

Oneywuiy, Muskie bravely stuck hee's haan's en o thi beestie's moo, an picket aw thi net aff o eit's teeth, fyle thi craitter stood straicht up alongsyde, eit weis lyke thi beestie seem't tae ken we weis helpen eit. Fin

Gordon Morrison

we got eit's heed cleer, eit loupit roon an sweemin flat oot we eit's tail steil, tunngul't, an heis hingin ontae thi net's, tryen nay tae get hault oot ower. Thunkfully, thi craitter broke oot, an we managed tae get wer net's baak aboord. Am nay sayen eif we catchet oney cal eiron or no, al leeve at up tae yer imaginatien, or eif yea see Muskie gan aboot, hee'l maybee pet yea straicht on aat maitter.

Yea see, fin poachen fur Sammen, eif yea got catchet at eit, yea wid get lokket up en, "Cal Eiron's," or "Haan Cuff's." Fitiver, tae eis day, eif a spot Muskie gan doon eih road fur a peynt, on thi passen hee'l mak a lood, "Snortin," keyna soon, fur a lauch, an ovcoarse fyne div aye ken, eit hee's meynen aboot aat nicht o thi beestie, "Jaws." Aifter aw, thi net's weis en o eit's Jaw's.

Thi Lyfe An Tyme's O An Enshoar Loon

Lisa Ann

"THI PAT"

Their eense weis a laad cad Bobo
An hee hid a boat cad thi Pat,
Bit noo hee's eis deed eis a Dodo
Bit hee's legend live's on, fur aw that,
Thi Pat she weis affa narra
Starn an Stem did gin, entae a pynt,
Bobo's transport eit weis jist a barra
'O' aat am shoor aye hid meynt,
Thi Pat et weis powert we twa oars
An Bobo hee kint fit tae dee,
He rowed er roon aw thi shoar's
An even oot entae thi sea,
Er eense weis a laad, cad aul Fleestie
An hee cad thi Pat an eye sore,
Bit thi Pat seemed tae aye get a Beastie
Cus tae Bobo, at's jist fit's shi's fore,
Thi Pat weis a lang opin boatie
Thi ensyde's o her wis aa taar,
Thi waicht maid her nay awfa floatie
Yeed be saifer tae beyd en thi Bar,
Shi weis crewed bee money a lad
An av evin been en er Ma sail,
Bit tae Bobo shi looket nay bad
Bit her crew weis air jist tae bail,
Their eense weis a day wee thick haar
En er leek's weis ower much tae bear,
Thi unser weis hud en mair taar
Bit thi waicht maid thi rowen ower sair,
Thi Pat hid noo geen past her date
So Bobo he run er a grun,
Thi shoar's far shi met we her fait
Her tyme hid geen doon we thi sun,
Noo fire, weis thi cure fur thi Pat
Bit Bobo, aat maid em feel sick,
Thi fire, seen pet payd tae aat
Cus thi Pat, shi burn't fur a wick.

"THI SEA UNGLER'S"

Ov coarse thi feishen wisna eiywuis gweed. Eis a matter "A" fact, eit bicaim et maist o thi tyme eit wis awfa peer an weis guiy chooch tae scraip a livin oot o eit. So drastek meesher's wid hay tae be takin, i.e. Spainen oot mair Bawbee's eis useual tae mak sum bawbee's baak. Eif aiy kin rig thi boatie oot fur Sea Ungler's a cood be deein eis ina tae try an mak en's meet. Et wisna cheyp a kin tel yea atween taken Coorses, New Lifejacket's, Flairs, Enshoorenses, etc, etc. AW en aw eit caim tae a curn thoosen pown, an tae me ov coarse at mint mair debt, "Fit's new." Oneywuiy aifter getten awthin riggit aye wis rairen tae go. Aw et a hid tae dee noo wis fin a puckle custimers an pet em on tap a feish, fit wis a doodle tae me, aifter wurken thi grun's roon aboot Boddim fur yeer's a kint em lyke thi baak o ma han, an far thi feish wid be or nay be eit serten tyme's o thi yeer. So a pet a puckle advert's oot tae get thi baa rollen, an en nay tyme a hid gotten a curn fone cal's fur booken's. Noo ma boatie wis a 29 ft Lifeboat cad thi Mermaid an shi hid pluntie room fur ten ungler's, an aiy wis reel excitit aboot thi prospect. Sax a clock on a bonnie summer's mornen, a moort er up eit thi en o thi Sooth pier. An troo tay ther wurd's a hail batch a ungler's turn't up, eit teen aboot hauf an oor tae load up aw ther geer, ye widna bileeve thi mirchendyse eit thi turn't up we. Sum o thi lad's hid three or fower rod's an reel's, aye wis awfa teen we aa ther Box's an Box's a jist aboot ivery Hook, Spenner, Rubber Wurm's, Reel Wurm's, Makrel, Fur Bait, Muppet's, Traices, Big Reel's, Sma Reel's, Bags we their Flask's an Peeces, Box's tae sit on, Survival Suit's etc etc. Nay tae minchen an od can a Beer or twa. Well aye wis teen abaak an thocht tae masel, "O ma heed, fit hiv a let masel en fur?" Eis lad's eis perfessional ungler's an ther gan tae baffle me we aa ther technical jurgin, "Fit eif a canna get thim feish?" Thi maybe winna be baak, They'l maybe broadcast tae ither ungler's, Eiss lad disna ken fit hee's deein!! A hid tae gee masel a check an relax a bit, couse aifter aa, under aa thi funsee geer ther jist ordinary lad's jist lyke masel. Oneywuiy, we loused aff an set sail, an en nay tyme ata we wis on wer first bit a grun. A steem't er up throo thi tyde a bit an telt thim tae shot awa, an en nay tyme ata thi wer stricken feish, eit wis majic, ye shood a seen ther deishes, thi wer fair chuffed an say wis aye. Noo fin we hid driftet aff thi feish, a wid roar oot, "Haul up lad's"!! So we cood steem up again. Sum lad's took affince tae this, couse thi wer haulen up Codlin's fin a roart, bit fit thi didna seem't tae apresiate wis, be thi tyme ther lyne wis up we hid driftet heyn doon past thi mark. Bit thi seen pirket

Gordon Morrison

up again fin a pet thim richt on thi tap o feish again. So thi seen got entae thi rooten. Thi wid lissen oot fur me roaren, "Haul up lad's"!! An een aifter thi ither thi wid pass on thi meysyge, "Haul up"!! "Haul up"!! Noo aifter a curn tyme's thi aw got thi messeyge, apairt fae een, unbeenowen tae me. So aye poppet thi boatie en a geer thienken abudy's lyne's wer up. Tae heer eis roar, "Woo"!! "Wooaah." A looket roon pullen er oot a geer eit eih saim tyme tae see thi lad richt aift aside thi propeller we hee's rod en eih water. A nippet aift en a flash tae see aw hee's Fly Hook's wuppet up en thi fan. A hid nay mair addee thin grab a lowen messer an cut thi Flee's aff tae thi shock an surprise o eis lad. Noo he took an ull wull tae eis an geid ma a feersum scowl, eif looks cood kill. Fit didna help maitter's wis thi smirken an snigger's cummen fae thi rest o thi croo. Oneywuiy, we feished on an ye widna credit eiss, ivery tyme we stoppet tae feish, thi lad grabbit thi clip an tried sair tae get hee's set a Flee's oot o thi fan, as eif hee's lyfe dipended on eit. Ov coarse naybudy cood keep a straicht face, an ivery tyme he looket meiy wuiy a hid tae compose masel an look awa. "A whopper"!! "A whopper"!! A jist aboot fullt ma brik's eis eiss Angleesh lad let oot eiss loud squeel's richt aside ma lug. "It's a whopper"!! "I'v cooaat a whopper"!! Noo aye didna ken fit kiyna feish a whopper wis, so a gid en tae a panik, wise it a shark a sum keyn? Or a Peter McCaiy? A grabbed thi feish clip an looket ower thi side, thi lad's rod wis bood richt roon we thi strain, so eis a stood buy we thi clip abudy's een wis peytin oor wuiy. "It's nearly up," Thi Angleesh lad squeelt we excitement, "Boy's a deer"!! A cood harly contain masel either we winneren fit wis gan tae cum up oot o thi depth's, eit wis getten tae be kreepee, fin aw o a sudden up pop's eis sma ling rippet on thi broadsyde. "Waa waa bathy," A roart, "Far's yer whopper geen til?" A jist got a glower eis thi hail crew burst entae lauchter, evin thi lad eit wis sulkin aift wis en stitche's. Nay seener thin at episode wis ower anither lad's rod wis booed ower, "This is a serious feish this tyme,"!! He roart, so eis a grabbit thi feish clip an awbudies een wis trainn't on hem, hee's rod bin't ass far roon tae me eit lookit jist lyke a stayple, thi peyn't o eit wis neer touchen thi hunnle. A kint richt awa fit wis a dee, an a telt hem yer faist tae thi grun yeed better slacken er aff a bit or yeel snap yer rod. "Oah no," He roart baak, "It's Caabon Fyba," "You will nevva snap that," Noo jist eis at wurd's weis pooren oot o hee's moo ther wis a loud CRACK, an en a split secand hauf o hee's rod deesapeert oot a sicht, an he wis left stannen we thi bit eit wis left. Awthen gid qwayet, ye coda herda skurry sweemen. "Et leest yeev still got yer reel"!! A said, an eis usual a jist got a glower. Inspyte o aw thi up's an doon's thi lad's hid an awfa gweed feishen, aw thi gather aw wid say eit widda caim tae aboot twa an a hauf box's a Codlin's. An en meiy book at weis nay a bad catch

Thi Lyfe An Tyme's O An Enshoar Loon

fur twa or thri lad's feishen fur sax oor's we rod's. Fin we got en we moort up eit eih peynt o thi pier again tae drap thi lad's aff. Noo fit aye fun wis awfa queer wis, eis lad's caim aboord we aboot iverything ye coold think o eneith thi sun, an am nay spikken aboot chay'p stuff eis weis aw thi best a geer, an fit dae ye think thi hid fur cairryen ther feish ashore? "Scawffies Bag's" Or eis een o thi lad's cad em, "Bin Lienaaw's." Well fitiver ye cad em a thocht tae masel faw am a gan tae sea we. A meen eit wis low water an eiss lad's wis stuffen ther "Bin Lienaaw's" We twa or three steen a Codlin's. A coodna contain masel so a nippet en tae thi wheelhouse tae sup a cuppie a tae an keep an ee on thi proseedin's.

Thi lad's startet ther assent up thi trappie we ther bag's a feish, an shoor anuff thi "Bin Lienaaw's"!! Coodna tak eih strain an rapidly dispersed ther content's aw ower thi tap o thi peer lad's doon aneth. "Ooo," "Aaa," "Watch out," Thi squeel's gid oot eis thi Codlin's rain't doon styen aff o ther heed's an lug's, aye lad's bonnet got nokket aff an landit en thi hairber along side maist o thi Codlin's. Noo aye wis en thi wheelhoose aw eis tyme watchen oot o thi corner o ma een so as nay tae let on eit a noticed. After a maneyged tae control masel fae sniggeren a caim oot on tae thi deck an geid thim a han tae lan ther shot. Aye pet ther feish intae a basket an hault thim up we a tow. Aw en aw thi lad's realy injoyed thimsells an hid a great day, an aye realy injoyed ther cumpinee. Aye got a lot a booken's fae at lad's aifter at an hid sum majic tyme's taken oot the Sea Ungler's.

Gordon Morrison

Chief en thi Seawitch

Thi Lyfe An Tyme's O An Enshoar Loon

Ma brither Dasin/Photo16

"TWA WHEELS"

Feelin Scunnert? Feelin Doon?
Start up yer bike an heer at soon,
On yer bike awa ye go
Nay too fast, An nae too slow,
Thi fresh air blawin, on yer face
Nippin on et a steady pace,
Lean er ower, Pit oot yer leg
A fine sharp bend tae scrape yer peg,
Feelin happy feelin free
At's thi joy's a bike's ye see,
Clockin up a hunder mile
Maybe nay en comfort, Bit, en style,
Fower wheel driver's hinna much luck
For in jammed traffic, They eiy get stuck,
They growl an glower eis i glide past
Nay too slow an nay too fast,
So on thi open road i glide
Bit danger lurks aheed, En thi side,
A coffin on wheels, Weyts tae cum oot
I gee em a flash an gee em a toot,
Fur oot he caim, As i skid bain
Broadsidin en thi ootside lain,
I cum tae a stop et thi side o thi road
Bit thi car keep's gan, Thi fower wheelt sod,
Eiss dangerous, Deadly, Unsolved crime
Wul catch up we at car, En a maiter o time,
Bit fit feer's me, Wul it be ower lait
Afore sum peer lad, Meet's en we eis fate,
So driver's en car's pleese dinna forgait
Look eence, "Look bike", Afore it's ower lait.

"CHUNSIN"

A thocht a wid try ma haan onna thi big feishen boat's, cus ther wisna mukkul deein, enshoar. So a speert roon aboot, eif er weis onney berth's gaan. Er weis nay berth's gaan eit aat meeneet en tyme, bit a maneyged tae get a twa or thri chunser's, an een o thim weis aboord a Peterheed boatie, thi Faithful. Eit aat tyme shi weis pair trawlen we thi, Mornen Star, they wer baith steel boatie's, bit thi Mornen Star weis bigger an shi weis aw cuvvert en. An thi Faithful hid a three quarter shelter deck, fit weis majic cumpayert tae thi auller boat's, eit aat aul hardee feishermin hid tae suffer. Bit on sayen aat, thi starn o thi Faithful weis reel low doon an oppin tae thi ellamint's, bit shi weis a gweed sea boat, fur aa thaat. Noo, thi croo onna baith ship's geid ma a warm welcum, en ther ain wuiy's, aat weis aye thein aboot thi crew's onna thi boatie's, yea felt pairt o a faimuly, an wither yea agreed or disagreed, yea aa looket oot fur een anither, an aye felt reelee eit haim aboord er. Noo, fin a feirst geid aboord, aye explained tae aw thi lad's eit eiss weis ma feirst tyme aboord thi bigger boat's, so eif ther's onneythein eit thi theink am nay deein richt, tae let ma ken, bit a seen discuvert eit a feittit en lyke a gluv, an didna fein thi job mukkul different fae thi sma boatie's, fit aye weis eestil. Onneywuiy, een o thi trip's, we landit eit Wick, an cunseynt wer shot tae Peterheed, fyle we set sail tae thi grun's again, an anither tyme we ennit up eit Lerwick, Shetlaan. Noo, fyle wee weis ashoar eit Lerwick, we nippet roon fur a shoor eit thi Mishen, en at weis heis aw cleer fur a dram, "Majic." Noo, thi first bar et we freeqwentit, weis caad thi "Thool," an "Boy's a deer" ther weis twa big mukkul deem's, feichten an haulen eit een anither's hair, an scraaten een anither, thi peynt glasses weis fleein awuiy, bit aye maneyged tae hing ontae ma peynt an draam, an dodge roon aboot aaw thi straamash. Bit thi qweer theing weis, eit aabudee cairreyt on wee fit thi wer deein, jist eis thoo eiss weis a normul accurrense. Bit eit weis a freenlee anuff atmessfeer fur aw thaat, an aifter a pukkul drams yea wid settul en fyne, eis lang eis yea didna trip up ower thi fowkies lyen onna thi fleer. Weel oneywuiy, aifter soaken up a curn drams a fusskey, twa o thi croo hid disydid tae get mair peersin's enna ther lug's, so we aa taggit along. Noo thi noteysed eit aye hid nivver heen a lug peersin, an priggit wee ma tae get eiss deen. Bit aye telt em, eit a wisna interaistet en aat, en eit aye thocht aat weis jist fur qweyn's. Noo, ther weis eiss Angleesh lad aboord eis croo enna, an he say's tae ma eit aye weis feert tae get eiss deen, weel at's aa eit noat, fur ma tae get ma lug peersed, en fact tae show thi lad foo mukkul eit a wisna feert, a pet a

Gordon Morrison

hoal enna baith lug's, "Noo, pet aat en yer pype an smoak eit." Aye say's, fyle we moovit on again tae soak up sum mair fusskey. An thi next pub eit we freeqwentit wis thi Seaview, an aye thocht, "Weel, boy's a deer," cus ma local pub eit Boddim weis caad thi Seaview, eis weel, an aye thocht, "Boy's, fit a coinsidinse," evin thoo, obviouslee, baith pub's weis nay faar fae thi sea, an weid obveeously bee caad thi Seaview. Oneywuiy, we set sail again, an thi next tweentee fower oors, weis nivver thi best a tyme's tae bee oot eit sea, fin yer supporten a hing ower, aat weis thi onley tyme a hid ivver spewed oot eit thi sea, bit beein yung, yea seen cum tee an get yokket again, an sweyt oot aw thi piesien oot o yer system.

Noo, aye got on greyt we aw thi crew, beit eiss Angleesh lad, weid be tellen ma aboot, foo expeereeinst hee weis, eit eiss job, an aw thi yeer's eit thi sea an ship's eit hee hid been on, bit tae me hee didna look aw aat aul, so eit keyna maid ma winner aboot aw eiss expeereeinse, an a theink hee got eih meysege eit a weis taken eiss we a pinsh a saat. So, thi next taktek weis tae tel ma eit he weis a fight wetch, an eit eif hee weis sikken, he cood cast a speyll onna ma, so me getten fed up o eis sheyt, aye say's tel em, "Weel laad, aye feer no white maan, an verra few blaak's, so go fur eit an cast yer spel's," an supposidley he did. Noo, iveree noo an en, we weid get a haul o big mukkul blaak, or coal feish, an eiss craitter's weis bigger thein thi feish box's eit wee wer petten thim enno, so fit we weid dee weis, gut thim, then throw thim enno a poan eit we hid maid up onna thi deck, an thein wee cood wash eiss craitter's een eit a tyme an fyer thim doon eih houl, fur thi houlmin tae stow thim, bit afore yea flyp eiss feish doon, yea roar oot, "Cummen doon," or sumthein, tae aat affeckt. Noo, their weis aye haul eit we hid a gweed curn o eiss feish, so their weis twa lad's doon eih houl, an een o thim weis eiss Angleesh lad, an fin aye shoutet, "Cummen doon," eiss laad, nippet entae thi syde, far we stowed wer ice, tae get cleer, bit, fin aye flypit thi mukkul feish doon, thi boat teen a qweer tummul, fit en turn seem't tae lyne up thi Angleesh laad, en thi direct root o eiss mukkul feish cumin doon. "**AAAOOoo,**" a lowd sqweel geid oot, so aye drappet awthen, an nippet ower, an lookit doon eih hatch, tae see eit thi laad weis lyen enno a heep, nokket cleen oot. Bit, fin hee caim tee, aye roar's doon, "A theink yer spell's, baakfyert on yea, yeel hay tae, brew up a stronger een." Fyle hayen a snicher tae masel. Noo, a coupul a day's aifter eiss, we weis aift, runnen aff wer net's aff o thi net drum, an er weid be a lad eit baith syde's cleeren thi ball's fae stikken onna thi net. So aam cleeren een o eis big plaksheet ball's, an jist eit thi exact tyme eit eiss ball weis swingin cleer, thi Angleesh lad, hid tooken eit appon emsail tae gein en annaith thi net an pop hee's heed up enno thi middul o thi net, an seemed tae connect hee's heed, perfectly we thi ball, an meyn eiss weis a pair trawl net, so thi ball's

116

Thi Lyfe An Tyme's O An Enshoar Loon

weis big. Weel thi prosseed's o eiss connectien, hid nokket thi Angleesh laad, cleen oot an hee staggert aboot a beit, then fell enno a heep on eih port quarter, weel aye immediately, aifter a pukkul a meeneet's, nippet roon thi baak o thi net drum, tae see eif hee weis aw richt, bit aye, say's tel em, "Yea ken eiss min, eit's maybe a better ayedeea eif yea jist furgait aboot eiss spel thein, cus eits nay affa gweed fur yer health," so we aat, a theink aat weis thi en o thi spel cairryon. Noo, en a coorse keyna day, thi oppin aifter deck o thi boat cood be a beit o a health hazzerd, cus yea wid offen hay tae grab ontae thi nearest fixture wee baith haan's, fyle thi lump's a waater wid, bear doon onna thi tap o yea, an swump thi hail starn o thi boat, an yea wid hay tae tyme en atween thi waive's, faan yea weis gan tae gein fae thi deck ben thi oppin space, tae thi gaily doar. Weel, aye tyme, ma tymen weis aw cunfuchult, an fin a weis en eiss minoover thi boat teen a tummul tae thi starbard syde far aye weis aat, fyle a lump a waater caim aboord, an gart ma float up aff o ma feet, eit weis a gweed job eit a heen eih foarsicht tae hing ontae thi haan rail aside thi spair net, an ov coarse a weis drooket richt throo. Bit eiss weis jist pairt o thi job, eis oneey feisher laad ken's fyne weel, Thi onley theing eit seemt tae get tae ma weis eit, eit weis aye oor chunse tae haul, evin eif eit weis supossed tae be wer neeper's thi Mornen Star. Sleepen cood be a challenge aboord thi Faithful, cus yea weid be aw cleer o thi deck an ov coarse yer cuppie a tae, an a chaw, an jist get yer heed doon fin, yea wid start tae heer thi rummul's o a fasner, an ov coarse at mint yoosualy eit thi geer weid cum up blootert, an yea wid hay tae be onna thi aift quarter aw nicht sorten oot thi raid up. Yea see, thi Faithful musta heen een o yon cort nossel theing's roon aboot thi faan tae try an get mair thrust tae tow. Bit thi caybin weis richt aift asyed thi fan, an fin thi net's wid cum faist, en thi motien thi fan wid cum oot o thi waater an gein oot we a feersum clatteren noise an keep yea wakkint, cus yea kint exactly fit weis cummen, eif yea didna ken fit thi ootcum o eis noise weis gan tae gee yea, then yea weis ass nakkert, eit eit widna buther yea an yea weid sleep lyke a log, bit eit weis thi keynnen, "Mair work fur naythen." Oneywuiy, eif yea didna cum faist, an yea aa wurket faist tae get cleer, yea wid get a gweed lang twa oor sleep afoar thi next haul, an ov coarse eif eit weis yer neeper's haul, eit geid ye a weel errint reist. Bit sumtyme's aat dippennit on fitiver equipmint weis wurken onna fitiver boat eit onney given tyme. Noo, een o thi rayer tyme's eit we didna hay a fussner, eit ov coarse weis oor chunse tae haul, an fin we did, up cum's eiss mukkul shoat a feish, an wer net weis floaten richt bain thi tap o thi waater, jist stappet full o mukkul coal feish, thi mair expeerienst laad's rekkent eit their weis aboot twa hunner box's enno thi net, yea cooda wakket bain thi tap o eit, eif thi wither hid been caam. Weel, oneywuiy, we coodna get a hud o thi dog roap, tae tak a leyft eit a tyme, we tried awthein, an thi skipper caim doon oot o hee's perch enno thi wheelhoose an startet yon roaren cairryon, eit thi dee, bit yea cood unnerstaan thi frustraytien o aw eiss feish, an we coodna get em en ower. Noo, thi skipper weis a smaa keyna laad, bit stoakky an strong, an aye lyket em cus a kint em fur a curn a yeer's, he sumtyme's weid freqwant Boddim we hee's presence. Oneywuiy, he geid oot thi order tae lift up thi pooer bloak, hein up tae try an tak up aw thi slaak so's we micht hay mair o a chunse o grabbin thi dog roap, beit aw heis lad's roon aboot weisna say keen o eiss ayedeea, so eis hee geid oot wee a roar, he took eit appon emsayl tae haul hee's sail an loupit ontae thi net eis thi boat geid up ower a mukkul motien, an eiss proceeded tae fyer thi skipper heyn up tae thi tap o thi bloak, steil hinging on, we hee's leg's dungulen, eis serious eis thi occaysien weis, eit teen ma aw ma tyme tae cuntain ma sayl fae lauchen. Bit oneywuiy, eense hee caim baak doon tae deck luvvul, we aw grabbit thi net an, we scalder's rainnen doon on wer heed's, we tried sair tae dee eiss empossibul task afoar eis, fein, Freddy roart oot, "Cleer thi deck's!!" Ov coarse thi feirst theing eit aye did, stewpit thoo eit may be, weis look up, tae see a mukkul craak appeeren onna thi airm o thi bloak, an en seein aat, jist maneyged tae get cleer, fein thi hail sheeten match caim tummlen doon an steytit aff o thi deck eit eih starn. Weel aat pet payed tae aat, an aifter chavven fur a fyle thi net's aw burst, an we loast maist o wer catch, fit weis saad tae see, bit we ennet up we aboot fowertae box's oot o er, an wer net's aa blootert.

 Anither chunser a heid we thi Faithful, shi got aw riggit oot fur thi twin rig, an twa spleet new net's, so aat weis an entereysten trip eis weel, evin thoo we didna dee affa weel, eis eit weis thi feirst trip eit thi twin rig, an eit weis a cayse o tryen awthen oot, tae see fit weis gan tae work thi best i.e. different spread, different doar's ect, an a mukkul weicht enno thi middul o thi geer. Fitiver, thi laad's an thi mannie, weis a gweed bunch tae wurk aboord wee, thi onley draa baak weis, eit fin yea reachet thi shoar, yea wid tend tae maak straicht fur thi neerest waateren hoal an speyn a fayr skelp o yer bawbee's, meyn yoo a didna cumpleen aboot eit, eit eih tyme. A weis pooren sum barlie bree doon ma throat, eit thi Seaview bar Boddim, fin a got haim, fein a lad say's tae ma, "Ooh, yeev twa lug ring's, en aw see," so aye say's, "O aye, am nay feert eit getten hoal's enno ma lug's," feelen trikket we masel. "Aye bit," thi lad say's, "Aat meen's eit yer een a thon, happy keyna lad's," he say's. So aye say's, "O aye, am happy eis a lark!" "Na, na," hee say's, "A mint happy lyke a hoarses hoof." "A fit?" aye say's, "A slait affa thi roof," an aat's faan aye hid gotten thi meseyge an qwikly rippet een o thi lug ring's oot, an cleert ma throat, an spoak we a deeper

Thi Lyfe An Tyme's O An Enshoar Loon

manly veice, "Aye, a kint aat aw thi tyme, bit a weis jist caiperen aboot, tae see eif yee wid notteyse."

Anither cuppul a chunser's a hid weis aboord anither Peterheed boat, thi Harvester. Noo, eiss lad's eis actually Boddimer's an thi feishen eis enno their bleed, so aye weis chuffed tae be aboord er. We weis pairen we thi Jasper, an thi wer deein awfa weel, taken a lot a Flook's, Lemen's an Plashie's. Fit ov coarse mint an awfa lot a gutten, bit shi weis a fyne boatie tae wurk on. Noo, fin eit caim tae chukken ower thi tow tae pass ower thi net, eit keyna bicaim a bit o a cumpititien tae see, nay eiff yee cood reetch thi neeper's boat, bit faw yea cood hit onna thi heed we thi roon hivvey kinoat onna thi en o thi throwen ower tow. Noo, eif yea conneket eis, munkie's fist, or turk's heed or fitiver year sikken tae caa eit, we sumbudee's heed, their wid be a gweed chunse a nokken thim oot, an scoaren a pukkul peynt's, a sippose at's fit wuiy sum boat's noo aday's eis weeren hard hat's. Aye thi faarer baak en tyme yee gin thi hardyer thi feishermin weis. Aye geid, shaken eih paan onna een o thi trip's, an "Boy's a deer," aye tak ma hat aff tae aa thi cook's onna thi boatie's, eif a hid a hat at eis. Cus eiss, eis a skill onna eit's ain, ameen, hiv yea ivver tried tae fry an aig onna a boat? "Nichtmair." Bit their eis a cheeten keyna wuiy, eif yea tak thi tap an thi boddim aff o a tin a been's, an pet eiss en yer fryen paan, then craak thi egg entil eit, yee shood maneyge. Bit thi biggest buther tae me weis tryen tae mak sinse o fit weis braakfist tyme or dainner tyme, a widda priferrt tae jist beyd eis a deckie. Noo, aye ordert a hauf bottlie a dark rum, tae maak a tryful wee, so a mak's up ma tryful an pet's en a sup rum entelt, an a moofae tae masel ov coarse. An yea ken eis, we thi boat tummlen aboot, ma gweed tryful startet tae mex et's sayl thi gither. So ensteyd o hayen, three layer's, thi wer tryen sair tae bicum wun, so aye took anither moofae a rum, an got a basket a ice tae sit thi tryful enno, tae try an set et qwekker, fyle taken sum mair rum. Noo, their weis a lot a deevilmint aboord thi boatie's, jist tae get a lauch, an am jist aboot shoor sum o thi lad's hid geen ma tryful a gweed shaak up, tae mix eit aw thi gither, cus thi next tyme eit a looket aat eit, thi hail lot weis mixed up eis bonnie eis yea lyke, weel mey consulatien weis eit a polleyshed aff thi rum. Bit aw thi lad's chaad up ma tryful fur aa thaat. A sippose yea weis aye ass hunngert oot eit sea. Noo, their weis eiss laad aboord thi boat, eit fin thi shout caim tae haul, he wid keep lyen langer an langer, iveree tyme, so thi feelen throo thi boatie weis getten fed up a eis cairryon. Noo, am nay gantae minshen naim's so's nay tae get fowk entae buther, bit aye lad took et en tae hee's heed tae tie on a linth a yarn ontae thi lad's big tae, an rein thi ither en up thi stair an entae thi gaylie, far abudee teen a hud an startet yarken we full strinth, weel yee cood heer thi screem's fae doon abilow, thi

Gordon Morrison

lad musta been en agunee, bit eiss didna dittair thi lad's haulen, so eis thi screem's weis gan on, thi peer lad weis hault oot o hee's tap bunk an ontae thi fleer, then hault ben thi fleer an upsyde's doon, pullt up thi stair's we hee's big tae, weel am verra surprised eit eit weisna hault aff. Bit aat weis jist thi joy's o thi job, an en speyt o aat, thi wer aa great lad's tae wurk we, an a gweed Boddimer skipper. Bit onna aw thi boatie's, thi croo's are jist lyke faimuly, an yeev tae keep onney greevinses ashoar an look oot fur een anither, eis lang eis er's naybudee slaaken.

Thi Lyfe An Tyme's O An Enshoar Loon

Balaclava basin Broch

"LANG LIVE THI THISSUL"

Gee ma a thissul oney day, thi goarse an thi heyther growen on eih brae

Fur ootsyde ma hoose, their eis growen loose, a mass 'a' weeds, eit henna nay seeds,

Thiv a theing lyke an ingin, far eis weeds theiy keep springing, lyke muckle blaid's 'a' girse, tae me ther's neithen wirse,

Gee ma a thissul oney day, thi goarse an thi heyther growen on eih brae

Fae thi staak eit thi tap, eit turn's oot 'a' yalla cap, an ein mass eit's blokket heis en, canna evin pet oot wer scaffie bein,

Thi bairn's pik's thi floor's, oor's aifter oor's, an eiss maks ma faice gee a smyle, bit eiss onley laist's fur a fyle,

Gee ma a thissul oney day, thi goarse an thi heyther growen on eih brae

Weel, theiy keep growen baak, eiss weed's ar jist craap,

Bit a munth eis, eis aw eit thi floor, thi shood be gaithert an drapt doon eih soor,

Theiy rot fur twa munth's, an thi coonsul cum's oot, bit theiy jist cut thi grass roon aboot,

Sma flee's gaither up, roon aboot aw eis rot, health hazzerd eis richt eit yer doar, aw eiss raid oot, o fit's eit aw foar, jist a mess, an a stink an ayesoar,

Gee ma a thissul oney day, thi goarse an thi heyther growen on eih brae

Aifter aw thi munth's 'o' stink eiss heis brung, thi coonsul deysyde's tay cum oot, theiy cut an thi haak an ful trailer's o eiss dung, bit thi main bit eis leyft, eit's thi root, weer leyft we a great muckle patch o deed girse,

An eis yella, eis thi weed's fit wis heer, eis mess beyd's lyke eiss, fur thi hail summer lang, til eiss weed's spring en spring, thi next yeer,

Gee ma a thissul oney day, thi goarse an thi heyther growen on thi brae.

THI BODDIMER'S HUNG EIH MUNKEEO

1)

EENSE A SHEIP SAILT ROON EIH COAST
AN 'AA' THI MEN ABOORD WEIS LOAST
BURREN A MUNKEE UP EIH MAST
THI BODDIMER'S HUNG EIH MUNKEEO

2)

NOO THI PLUNTEN WEIS A GRAAN AFFAYR
AN AW THI BODDIM FOWK WEIS AIR
ET MEYNT YEE 'O' EIH AIKEE FAYR
THI BODDIMER'S HUNG EIH MUNKEEO

3)

THI FOWK CAIM OOT FAE PETERHEED
EXPECKEN TAE HAY A MUKKUL FEED
THI MAID EIT ENTAE POTTET HEED
AN SCOFFET THI BLINKEN MUNKEEO

CHORUS

DURRA MA DOO, A DOO A DAY
DURRA MA DOO A DADDEEO
DURRA MA DOO A DOO A DAY
THI BODDIMER'S HUNG EIH MUNKEEO

Eih shantee, caim aboot fin a sheip weis rekket aff o Boddim
A lang lang tyme ago. Noo, en order fur thi Boddimer's
Tae hay salvage richt's tel er, abudee aboord wid hay
Tae be deed, bit er weis a munkee alive up eih mast, so
Thi peer craitter weis strung up, tae cure ther problem.
A traditional Boddim sang

A BODDIMER FUR ME

A BODDIMER FUR ME, A BODDIMER FUR ME,
EF EER NAY A BODDIMER, EER NAY EESTAE ME,
THI BROCHER'S AR BRAA, THI BLOO MOGANER'S ENA,
BIT EIH COCKY WEE BODDIMER'S EIS EIH PRIDE O EM AA.

Thi Lyfe An Tyme's O An Enshoar Loon

Den Dam boaties

125

"SOME FEISH TRANSLATION'S"

DORIC FAE BODDIM	ENGLISH
KUNTEE / PETER MCCAIY	SCORPION FISH
FRESHIE	FLOUNDER
SAMMEN / REED FEISH / CAL EIRON	SALMON
PADLE COCK	LUMPSUCKER
HAYVUL	CONGER EEL
LAIYTHE	POLLACK
CAT	WOLF FISH
GEETIE'S / BUDDICK'S	SAITHE SMALL
PODLIE'S	SAITHE MEDIUM
SAIDIE'S / COLLIE	SAITHE LARGE
COAL FEISH	SAITHE EX LARGE
BLIN DEIY	SPOTTED DOGFISH
PLASHIE'S	LOT'S OF PLAICE
BANDIE'S	STICKLE BACK'S
PARTIN	EIDIBLE CRAB
CRAIB	CRAB
GRIYNDEE	SHORE CRAB / GREEN
BUCKIE'S	WINKLE'S
RUDDIK	SMALL EIDIBLE CRAB
RAZER EEL	BUTTERFISH
HIRREN	HERRING
SEIYL	SAND EEL
HUDDIK	HADDOCK
LABSTER	LOBSTER
PAAP	ANEMONE
FLEEIN CRAIB	VELVET CRAB
FLOOK / FLOOKIE	FLAT FISH
TROOT	TROUT
FIGHTEN	WHITING
COARSEFEET / COARSEFIT	STARFISH
PRAAN	PRAWN
JEELIE'S	JELLYFISH
SCALDER	LION'S MAINE JELLY
CRAIB NIPPER / TAE	CRAB CLAW

Thi Lyfe An Tyme's O An Enshoar Loon

PEYKEE POK	SEA URCHIN
SEYLKEE	SEAL
SHAAL	SHELL
COD / GREEN	COD
WARRIE CODLIN	RED CODLIN
TURBIT	TURBOT
GOWDEE	GURNARD
MUNK FEISH	ANGLER FISH
CRAYFEISH	CRAWFISH
TUNGUL'S	KELP

NUMBER'S UP TO TWENTY

DORIC	**ENGLISH**
EEN / WUN	ONE
TWA	TWO
THREY / THRI	THREE
FOWER	FOUR
FYVE	FIVE
SAX	SIX
SEYVIN	SEVEN
AICHT	EIGHT
NYNE	NINE
TAYN	TEN
ALYVIN	ELEVEN
TWAUL	TWELVE
THEYRTEEN	THIRTEEN
FOWERTEEN	FOURTEEN
FYFTEEN	FIFTEEN
SAXTEEN	SIXTEEN
SEYVINTEEN	SEVENTEEN
AICHTEEN	EIGHTEEN
NYNETEEN	NINETEEN
TWEENTEE	TWENTY
HUNNER / HUNDER	HUNDRED

SOME USEFUL TRANSLATION'S A – Z

BODDIM DORIC   A   ENGLISH

AYE	I / YES
AYEWEIS	ALLWAY'S
AW / AA	ALL
AWTHIN	EVERYTHING
AIBERDEEN	ABERDEEN
ANGLEESH	ENGLISH
AUL	OLD
AICHT	EIGHT
AIFT	AFT
AIFTER	AFTER
AIPUL	APPLE
AIN	OWN
AWFA / AFFA	AWFUL
AIT / AITEN	EAT / EATING
AN	AND
AWRICHT	ALRIGHT
ABOORD	ABOARD
ANAYTH	UNDERNEATH
AHIN	BEHIND
AWBUDEE	EVERYBODY
AINSEYL	OWNSELF
AFOAR	BEFORE
AWAA / AVA	AWAY / AT ALL
AAKWURD	AUKWARD
ADREFT	ADRIFT
AUL NAYTERT	BAD TEMPERED
AULFARRENT	OLD FASHIONED
AAT	THAT
ASHOAR	ASHORE
AIPUL	APPLE
AIFTERNEEN	AFTERNOON
AIL	LEMONADE ANY KIND

Gordon Morrison

A FRY	A FISH TO TAKE HOME TO EAT
A BEYLIN HOME	A CRAB/CLAWS TO TAKE
AIRMS	ARMS
ABOOT	ABOUT
A NICHT ON EIH BATTER	NIGHT OUT DRINKING
A KINTA KINT YEA	I KNEW THAT I KNEW YOU
AIR	THERE
AIX	AXE
AYE ,AYE	A GREETING ON THE PASSING
AKWAANT	AQUAINT
A HEIYDEN	A BEATING
ARGEE	ARGUE
APREL	APRIL
AGIST	AUGUST

B

BIG / BIGGIN	TO BUILD, BUILDING
BIGGIT	BUILT
BUCKREM	VERY STRONG, TIGHT, STRAIN
BAWBEE'S	MONEY
BLOO	COLOUR BLUE
BLOOTERT	DRUNK / IN BIT'S
BIKKER / BIKKERIN	ARGUE / ARGUING
BUNNUL	BUNDLE
BARKET, CLARTET, MUCKET	DIRTY
BEYL / BEYL'T	BOIL / BOILED
BANTER	FUN / TALKING
BAP / SAFTIE	BUN
BOORIK	BUNCH / GROUP
BANNIK	SCONE / PANCAKE
BIRSIL / BIRSILEN	COOKED TOO LONG, VERY HOT

Thi Lyfe An Tyme's O An Enshoar Loon

BLIN / BLINT	BLIND / BLINDED
BAFFIE'S	SLIPPER'S
BLAAN / BLAAWEN	BLOW / BLOWING
BERSERK / BIZERK	CRAZED
BLINKEN	FIGURE OF SPEECH WHEN ANGRY
BAA	BALL
BEN EIH HOOSE	THROUGH THE HOUSE
BINT	BENT
BATTER	HIT INTO
BRAAKFIST	BREAKFAST
BUSK	UNDER WATER ROCK
BAPPET	SQUINT / STUPID
BEEN / BEEN'S	BONE / BONE'S
BRAAK	BROKE
BROON	BROWN
BLAIK	BLACK
BAAKET / BAAK	BACKED / BACK
BOO / BOOD	BEND / BENDED
BIN	BEEN
BOCHT	BOUGHT
BODDIM	VILLAGE OF BODDAM / BOTTAM
BEYD	STAY
BEIRRLE, BURRUL, FURRUL	TURN
BAIRN	CHILD
BLAYTHER	YAPPING
BREEK'S / BRIK'S	TROUSER'S
BOOLIE'S	MARBLE'S
BIT / BITTIE	BUT / PIECE OF
BEESTIE	INSECT, CREATURE, LOBSTER
BRAADEE	PASTRY & MEAT, SIMILAR TO PIE
BROCH	BROCK / FRASERBURGH
BLAADID	BROKEN / SHOP SOILED
BARKIE	LIGHT WATER PROOF JACKET
BARLEY BREE / FUSKEE	WHISKY
BINANA	BANANA
BRAE	SLOAPING ROAD
BRUNT	BURNT

131

Gordon Morrison

BEYCHT	CLUMP OF TANGLED NET, ROPE
BOORD	BOARD
BRAISS	BRASS
BASSIE	SMALL RUG
BREED	BREAD
BARRA	BARROW
BULLET'S	HAIL STONES
BEET'S	BOOT'S
BREENGE	POUNCE
BREED POODEN	BREAD PUDDING
BLAIREN	VERY LOUD
BOTHIE	VERY SMALL HOUSE
BANDEE POT'S	SMALL POOL'S ON THE ROCK'S HALF WAY DOWN THE BODDAM HARBOUR BRAE, WHERE YOU CAN CATCH STICKLE BACK'S
BRAAN	BRAND
BOWNTAE HAY	BOUND TO HAVE
BLEEDEE BURN TOOK	A SMALL BURN BETWEEN CRUDEN BAY & WHINNYFOLD WHERE A LARGE BATTLE PLACE, IT IS SAID TO HAVE BEEN FLOWING WITH BLOOD
BIG LEED / BOOM	LEAD WEIGHT USED FOR RIPPING
BONDIE	BONFIRE
BRIG	BRIDGE
BREET	BRUTE
BAAD LIMMER	BAD PERSON
BOBBIE'S	POLICE
BLEED	BLOOD

BIR'L / BIRL'T	TURNED
BAMBOOZULT / CUNFUCHULT	CONFUSED
BLIKKER	WET FART
BONNIE	BEAUTIFUL
BULLEKIN	A TELLING OFF
BOODEE / BOODEE'S	CONTENT'S OF THE NOSE
BROASE	PORRIDGE
BLOAN	GIRLFRIEND
BEYDEYEN	GIRLFRIEND YOU LIVE WITH
BAWLEN	SHOUTING / CRYING
BEETRET	BEETROOT
BOWDEE / BANDEE LEGGIT	CROOKED LEG'S
BREENGE	TO POUNCE
BEETER	BETTER
BAALD / BAALDIE HEEDIT	BALD / BALDY HEADED
BEET / BEET'S	BOOT / BOOT'S
BOAB	FIVE PENCE
BRECHT	BRIGHT
BUCHENESS	BUCKANESS
BOOTERUP	GO FASTER
BLEEZEN	A FIRE BLAZING, VERY DRUNK
BREETHER / BREEDER	BROTHER
BURREN / BAAR	APART FROM
BROCHT	BROUGHT
BATH'S	SWIMMING POOL

C

CAL / CALER	COLD / COLDER
CLYP / CLYPET	TELL TAIL / HAS TOLD
COOD	COULD
CANNY	CAREFUL
CANNA	CANT
CLOWT, SKELP, SCOOR, CLAAP	SMACK
CLOOT	CLOTH
CASSEL	CASTLE

Gordon Morrison

CLOO	CLUE
COO, NOWT, CAIY, BEEST'S	COW / COW'S
COVE / COVIE	PERSON
CAYP	CAP
CHEEL	PERSON / FRIEND
CHUFF'T	HAPPY
CURN / PUKKUL	SOME / FEW
CHUKKIN	CHICKEN
CHOOCH	TOUGH
CHUK / CHUKKET	THROW / THROWED
CHUNSE	CHANCE
CUNNUL	CANDLE
CAYPER	MUCK ABOUT
CIMMER	COME HERE
CARPET'S	SLIPPER'S
COORSE	CRUEL
CHAA	CHEW / EAT
CHOOCHTER	FARMER
COWP / COWPET	TURNED OVER
CAIRY / CAIRAIT	CARRY / CARRYED
COORD	COWARD
COONT / COONTIT	COUNT / COUNTED
CRAITTER	CREATURE, SOMEONE FRAIL OR CUTE
CREEL	CRAB OR LOBSTER POT
CREEP / CREEPEE	SNEAK / SCARY
CLARTET / MUCKET	IN A DIRTY MESS
CLEEN RANG	DEFINETLY WRONG
CUBEE HOAL	SMALL COMPARTMENT
CLOOTIE DUMPLIN	STEEM PUDDING
CRANNY	LITTLE FINGER / PINKY
CRABBIT	BAD TEMPERT
CAIRT	CART
CHICK'S / CHICK	CHEEK'S / CHEEK
CAAD	CALLED
CAA OWER	TURN OVER
CAAEN	CALLING / SHIFTING, CARRYING
CHOOCHET	BIRD

CHUMLA	MANTLE PIECE
CUNFUCHULT	CONFUSED
CONNECHT / SPEYLT	SPOILED
CHEER	CHAIR
CLAIY'S	CLOTHES
CHUNSE / CHUNSEN	CHANCE, A CHANCE FISHING TRIP ON A FISHING VESSEL BUT NOT A BERTH
CORNBEEF HASH	CORNED BEEF, POTATO'S AND ONION'S
CLOON	CLOWN
CLORT	BIG LUMP / LARGE LAZY PERSON
CANNA	CANNOT
COORSE	CRUEL
CULLEN SKINK	A FISH SOUPCONTAINING SMOKED FISH, POTATO'S, ONION'S & MILK
COORT	COART
CHAP / CHAPPET	KNOCK, CHOP, CHOPPED
CHIPPER'S	FISH & CHIP SHOP
CUDDIE	HORSE / PONY
CONNECHT	SPOILED
CREEPEE CRAALY'S	INSECT'S
CRAA	CROW
CHIKKEE	CHEEKY
CHUKKIE'S	GRAVEL
COVE	MAN
CHAANGUM	CHEWING GUM
CAA CANNY	GO EASY
CRISSMISS	CHRISTMAS
CUPPA CHAA	CUP OF TEA
CARBOORD	CARDBOARD
COONSUL	COUNCIL
CAIYSER	COWRIE
CLAIK	YAP

Gordon Morrison

CHIST	CHEST
CRAAKEN UP	VERY ANNOYED, AWAY TO SNAP
CHEYN	CHAIN
CLOASS	HUMID
CLANGY	STICKY
CRAAN	CRANE
CROO	CREW
COOPIN, FISSOAG, DEISH	FACE
COWK, COWKEN, COWKET	WRETCH / TRYING TO BE SICK
CLAIK, CLAIKEN	YAP / YAPPEN
CHOOSDAE	TUESDAY
CLOWT / WALLEP	WALLOP
CAPPY	ICE CREAM CONE
CEECH , CAAK, DREIT, SHEYT	POO
CEEMEETRIEE	CEMETRY

D

DINT	DENT
DYKE	STONE WALL
DUNG	ANIMAL DROPPING'S
DUNJIN	CELLAR
DREIT	DIRT
DOO	PIGEON / A PARTY
DINT / DUNT	DENT / HIT
DOKKEN LEEF	IF CAUGHT SHORT, THIS PLANT CAN BE USED TO WIPE BOTTAM
DOAR	DOOR
DROSS	CRUSHED COAL / LOOSE CHANGE
DARNA	DONT
DARRYEA / DARYEE	DARE YOU

Thi Lyfe An Tyme's O An Enshoar Loon

DEEL'S WATER / DEEL'S BROO	ALCOHOL
DODLIE'S CASSEL	A BLOCK OF FLAT'S BEHIND THE BODDAM LIBRARY
DIV YEA KEN	DO YOU KNOW
DEEM	DAME / WOMAN
DINNA BEE SAY JEEN THIRD	DON'T BE SO OLD FASHIONED
DUTCH / DEITCH	DITCH
DOLLED UP / AW DOLLY BLOO'T	DRESSED UP
AW DOLLY BLOO'T	HOUSE IS ALL SPROOSED UP
DREEL	DRILL
DOG'S LEED	DOG'S LEISH
DEYCHT / DEYCHTET	WIPE / WIPED
DRAP / DRAPPET	DROP / DROPPED
DREICH	DULL & WET
DOATHER	DAUGHTER
DEEF	DEAF
DOUPIE	TRAWLED A SMALL BAG OF FISH
DIDDLE / DIDDULT	SWINDLE / SWINDLED
DOTTEN	LOOKING UP TO / WORSHIPING
DOTTULT	CONFUSED
DROOTH	DRUNKARD
DROONT	DROWNED
DREG'S	LEFT OVER'S AT THE BOTTAM
DEEN / DUN	FINISHED
DINNA / DIVVNA	DON'T
DEESPEREET	DESPERAIT
DEE / DIV	DO
DOOK / DOOKIT	DUCK / DUCKED
DUNDERHEED	STUPID / DAFT
DACHIL, SCUTTER, DODIL	HANGING ABOUT
DRAUGHT	DEPTH
DAFT	STUPID
DAAN	DAHN
DUNK / DUNKIN	STEEP / STEEPING

Gordon Morrison

DA	FATHER
DREEP / DREEPIN	DROP / SOAKING WET
DIVIT	CLUMP
DRAM	MEASURE
DEYTERT	DRUNK
DODIL / DODDLE	EASY TO DO / GO SLOW
DROOKIT	SOAKED / WET
DROONT	DROWNED
DOLLEP	CLUMP
DOOR / DROAL	DULL / BORING
DOON, DOON ABILOW, ANNETH	DOWN / DOWN UNDER
DUB'S	MUD
A DODLE	EASY TO DO
DAINNER	DINNER
DOOT	DOUBT
DROSS / SILLER	SMALL CHANGE / MONEY
DEE'L	DEVIL
DEIYDEE	GRANDAD
DIRRLE / DIRRLEN	STING / STINGING
DOUP, DOCK, POOPSHOOT	BACKSIDE, BOTTAM, BUM
A DAB HAAN	VERY GOOD AT SOMETHING
DUNSE / DUNSEN	DANSE / DANCING
DOOK'S	FIST'S
DISEMBER	DECEMBER
DAA	DAD
DOCKET	PAYMENT
DOLLED UP	DRESSED UP
DOLDIE, DOLLEP, DREIT	LUMP OF POO
DIDUM'S	OH WHAT A SHAME
DINNA / DIDNA	DON'T / DIDN'T
DITHER / DITHEREN	GO SLOW
DEED	DEAD

E

EEST, EESTAE, EESTIL	USED TO
EEN / EE	ONE, EYE'S, EYE

Thi Lyfe An Tyme's O An Enshoar Loon

ELKEE	EVERY OTHER
EN	THEN / END
EENSE	ONCE
ENTAE	INTO
EER	YOU ARE / YEER
ENA / EIS WEEL	ASWELL
EIL	OIL
EEJIT	IDIOT
EIT	IT
EIH / THI	WHAT / THE
EN	END
EERIN'S	SHOPPING
ELBIK	ELBOW
EISTREEN / SEYN	LATELY
EIS	AS / IS
ENNO / ENNA	INSIDE OF
EILK	A TYPE / A KIND

F

FREIYDAE	FRIDAY
FREEN / FREEN'S	FRIEND / RELATION'S
FICHER, FICHEREN, FIJIT	INTERFERE / CANT STAY STILL
FIN, FUN, FINOOT, FUNOOT	WHEN, FOUND, FIND – FOUND OUT
FEYCHT, FEYCHTEN, FOCHT	FIGHT / FIGHTING (HAD BEEN)
FAN	WHEN / PROPELER
FEEL	DAFT
FOOL	DIRTY / TANGLED UP
FIT / FIT LYKE	WHAT / HOW ARE YOU
FEISH / FEISH SUPPER	FISH / FISH & CHIP'S
FEESHERMIN	FISHERMAN
FOON	FOUNDATION
FOONERT	TIRED OUT
FEIT	FOOT

Gordon Morrison

FITBA	FOOTBALL
FAITHER	FATHER
FUSKEE	WHISKY
FLEE / FLEEIN	FLY / FLYING
FLAICH / FLAICHEN	SMALL FLY / SCRATCHING
FIGHT	WHITE
FLAIG	SCARE
FLYP, FLYPET, FLING, FLUNG	THROW / THREW
FUSSIL	WHISTLE
FUR	FOR
FORRET	FORWARD
FUNNEL	EXHAUST PIPE / FUEL FILLER
FRAP	ALL TANGLED UP
FOWK	PEOPLE
SCRAT / SCRATTEN	SCRATCH / SCRATCHING
FAE	FROM
FUTRIT	FERRET
FYLE	WHILE
FUNSEE	FANCY
FOO / FOO MUKKUL	HOW / FULL / HOW MUCH
FAR	WHERE
FAG, TIKKLER, TABBEE	CIGARETTE, HAND ROLLED CIGARETTE, CIGARETTE BUT
FEYKEE / FICHERY	FIDJITY
FLOOR / FLOOR'S	FLOWER / FLOWER'S
FOTA	PHOTOGRAPH
FINSE	FENCE
FLEER	FLOOR
FRUKKESS	ROWDIE / CARRY ON
FURK	FORK
FROOT	FRUIT
FEERT	SCARED
FORKIE / HORNEY GOLLECH	EARWIG
FOOTER / FOOTERMEN	PLAY ABOUT
FIT'S A DEE ?	WHAT'S WRONG
FEISHIE	LEAD WITH HOOK'S USED FOR COD

Thi Lyfe An Tyme's O An Enshoar Loon

FURRULT	SPUN AROUND
FLY CUP	CUP OF TEA
FUSSNER	FASTNER
FAYMULAY	FAMILY
FEEOOMIN	VERY MAD
FOOLIE	FOLLOW
FITIVER / FARIVER	WHATEVER / WHEREVER
FINIVER	WHENEVER
FYERT	FIRED
FAA / FAAEN	WHO , FALL, FALLING
FUTHIM / FUDDIM	FATHOM
FILLAFF	FELL OFF
FRUNT	FRONT
FIZZEN	VERY ANNOYED
FOOSHTEE	STAIL
FEEJEE	TOOK AN AGGRESSIVE MOOD
FOONERT	TIRED OUT
FAIST	FAST
FIY WUIY	WHY
FITTEK'S	KNITTED SOCK'S / SLIPPER'S
FEBYERRY	FEBRUARY
FAYST / FAIST	FAST
FOO YEA DEEIN	HOW ARE YOU DOING

G

GRUN	GROUND
GALOOT	BIG AND DAFT
GOOLIE'S	TESTICAL'S
GOASTER	WORK ALL NIGHT / HE HASN'T A CHANCE
GEEANG / GAN	GOING TO GO / GOING

Gordon Morrison

GAR	ENCOURAGE
GLORY HOLE	UNDERNEATH THE STAIR'S
GULLET	THROAT
GRIPPET	GRIPPED / TIGHT WITH MONEY
GIRN / GIRNEN	MOAN, CRY, MOANING, CRYING
GAR YEA / GARTMA	MAKE YOU / HE MADE ME DO
GYPE, GYPET, GLAYKET	DAFT / SILLY
GWEED	GOOD
GEEN, GID, GEENTAE, GEENTIL	GONE, GAVE, GONE TOO
GAN	GOING
GRUNNIE	GRANDMOTHER
GRANDA	GRANDFATHER
GUNNUL	GUNWHALE
GIP / GIPPET	GRIP / GRIPPED
GANNET	SOLAN / LARGE SEA BIRD
GULLY MUT	GILLYMUT
GLOWER	HARD STARE
GRUT, GREET, GREETIN, PEEKEN	HAS BEEN CRYING, CRY, CRYING
GLAIS / GLAISES	GLASS / GLASSES
GLAISGAE	GLASGOW
GANSEE	JUMPER
GEEST / GEESE	GIVE ME IT / GIVE ME
GRAIT	GREAT
GWEED RIDDIN'S	GOOD BYE, SAID SARCASTICLY
GAPPEN, GAP, GAK	LOOKING AT
GAB'S 'A' MAY	NORTHERLY STORM'S IN MAY
GIRSERIE'S / SMAKERY	SWEET'S / JUNK FOOD
GIRSE	GRASS
GANDER	WALK ABOUT
GAIRDIN	GARDEN
GAIRAYGE	GARAGE
GRUN	GROUND
GAPPEN / GAPPET	LOOKING AT
GREET / GREETEN	CRY / CRYING
GOON	GOWN

GEIY ROACH	VERY ROUGH
GADJEE	MAN / PERSON
GRAAN	GRAND
GAITHERT	GATHERED
GAAST	GHOST

H

HAYVER / HAYVEREN	TALKING RUBBISH
HAYKUL	TO HACKEL ON
HAULT	HAULED
HULLY RACKET	MAKE SHIFT
HIRPLEN	LIMPING
HULLECK	PILE OF SOMETHING
HAIRBER	HARBOUR
HAAD EET	HAD IT
HID	HAD
HEELIN COO	HIGHLAND COW
HAIMMER	HAMMER
HEEDIBA	HEAD CASE
HURDEE	PUSH CART MADE WITH PRAM WHEEL'S

HAARD EIS A HINNERSIN	VERY TOUGH
HOOF UP EIH AIRSE	KICK UP THE BOTTOM
HEE'S AINSEYL	HIS OWNSELF
HIRKET	HAIRCUT
HUNNUL	HANDLE
HAAN	HAND
HEEN	HAD
HAPET	COVERED
HINNER / HINNERT	HINDER / HINDERED
HUNNER / HUNDER	HUNDRED
HAUF	HALF
HOOSE	HOUSE
HEED	HEAD
HUD	HOLD

Gordon Morrison

HEOOK	HOOK
HAKKET / HAKKEN	CUT INTO ROUGHLY
HAADEET	HAD IT
HAAK	ROUGH CUT
HOUK	CLAW AT SOMETHING
HEIS / HEISNA	US / HAS NOT
HOUL	THE HOLD ABOARD A BOAT
HAIM	HOME
HIPPEN	NAPPY
HULABALOO	A GREAT BIG CARRY ON
HOOTER	NOSE
HAYL	WHOLE
HAYKUL	TRY TO MAKE A DEAL
HAIT	HOT
HIRKEN	HARKEN
HARDIE'S	FARTHON'S / BISCUIT'S
HUNKIE	HANKERCHEIF
HUMMEL DODIE'S	FINGERLESS GLOVE'S
HOVVEN	FULL UP
HEIN AWA	FAR AWAY
HIVVIE	HEAVY
HAAR	MISTY / SMALL RAIN
HUGGIS	HAGGIS
HUNGERT	HUNGRY
HAIRT	HEART

I

INJIN	ENGINE
INGIN / INGIN'S	ONION / ONION'S

J

JUNT	JAUNT / WALK ABOUT
JUNNGUL	JUNGLE
JOOK	DUCK
JAYKET	JACKET
JAYKEE	DRUNKARD
JAABIE NETTUL'S	THISTLE'S / STINGING PLANT'S
JOOG	JUG
JEELT	COLD, FROZEN, SET
JANJER HEEDIT	GINGER HEADED
JEELIE	JELLY
JANYERRY	JANUARY
JOON	JUNE
JOOLAYE	JULY
JOOGUL	SHAKE ABOUT

K

KITTIL	STIR UP / KETTEL
KINT, KEN, KEYNT	KNOWN, KNOW, KNEW THAT
KIP	SLEEP
KEELT OWER / COUPET	FELL OVER / TURNED OVER
KEYNA	KIND OF
KEIL	UNDERSIDE OF BOAT
KEYLT / KEYL	COILED / COIL
KINNEL / KINLER'S	START UP / SMALL PIECE'S OF WOOD TO START FIRE
KAIRT	KART
KIMMEER	COME HERE

Gordon Morrison

KYE	COW
KITTEK STEEN'S	ROCK'S NEAR THE BEACH BETWEEN CRUDEN BAY & THE SCARES
KIRK	CHURCH
KELT	KILT
KEEKER	BLACK EYE

L

LOON, LOONIE, LADDIE	BOY
LAD	MALE
LYKE / LYKET	LIKE / LIKED
LUG	EAR
LEEK, LEEKET, LEEKEN	LEAK, LEAKED, LEAKING
LUMPIN / LUMPER'S	LANDING FISH / PEOPLE WHO LAND FISH
LAACH	LAUGH
LOUP, LOUPIT, LOUPIN	JUMP, JUMPED, JUMPING
LOOKET	LOOKED
LAIDDER / LAYDER	LADDER
LOWEN MESSER	FISHERMAN'S KNIFE
LICHT	LIGHT
LAAN	LAND
LAVIE	TOILET
LAFT	LOFT
LALDIE	VOCAL
LUM	CHIMMNEY
LEE'S	LIE'S
LEED	LEAD
LOUPER DOG	PORPOISE
LARRY	LORRY
LUMP	LAMP
LEEN	LEAN

LOUSE, LOUSEN, LOUSED	FINISH, UNTIE, FINISHED UNTIED
LANG	LONG
LOCH	LOCK / LAKE
LANG JOAN'S	LONG JOHN'S

M

MOACH	MOTH
MEYRRIT	MARRIED
MEEN	MOON
MINKEN / STINK	SMELLY
MUCKLE / MUKKUL	LARGE / MANY
MAPPEY	RABBIT
MINT / MINTAE	MEANT / MEANT TO
MANNIE / MIN	MAN
MUCKER, PAL, FREEN	FRIEND
MITHER / MAA	MOTHER
MOOSE	MOUSE
MAK / MAKKET	MAKE / MADE
MALLEY	FULMAR (SEA BIRD)
MAITER	MATTER
MAIT	FOOD
MEYNT / MEYN	REMEMBERED / REMEMBERING THINKING

MICHT	MIGHT
MEELIK'S	CRUMB'S
MEELIE PUDDIN	WHITE PUDDING
MOUSER	MOUSTACHE
MULL	MILL
MITTRASS	MATRESS
MOO	MOUTH
MUCK / MUCKY	DIRT / DIRTY
MIDJEE'S	MIGIE'S / MOSKEETO'S

Gordon Morrison

MISTAAK	MISTAKE
MARLESS	DIFFERENT
MINSE AN TATTIE'S	MINCE AND POTATO'S
MIRRAAK	VERY DRUNK
MOORT	MOORED
MOOLD	MOULD
MOLLY CODULD	SPOILED / PROTECTED TO MUCH
MUNSTER	MONSTER
MINNEER	A MESS
MASEL	MYSELF
MAYVEE'S	MAGGOT'S
MOOFAE	MOUTHFUL
MARRESS	THE SAME AS
MUNDAE	MONDAY
MUNTH	MONTH
MAIRTCH	MARCH
MAIR	MORE
MEIY	MONTH OF MAY / OR MY
MAA / MAAM	MUM
MUCKY / MUKKET	DIRTY / VERY DIRTY
MOOTHIE	MOUTH ORGAN
MOOTCH, MOOTCHEN, SCRAAN	BEG / BEGGING
MUNGUL	MANGLE
MA	ME
MAAN BE	MUST BE

N

NICHT	NIGHT
NEEN / AIFTERNEEN	NONE / AFTERNOON
NEEP	TURNIP / DAFT
NATTER	SPEAK A LOT
USE YER NOODLE	USE YOUR BRAIN / HEAD
NAPPER	HEAD
NOO	NOW
NAY	NOT
NOWT	NOTHING / COW'S

Thi Lyfe An Tyme's O An Enshoar Loon

NEEPER	NEIGHBOUR / PARTNER
NEEDNA THEINK	NEED NOT THINK
NACKERT	TIRED OUT
NAKKIE	TIDY / SMALL
NEUK	CORNER
NAYTHEIN	NOTHING
NAYTER	NATURE
NOAT	NEEDED
NIPPET	NIPED
NAB / NABIT	GRAB / GRABED
NAAKET / NEEAAKET	NAKED
NAY BAAD	NOT BAD
NAY WEEL	NOT WELL
NOR	THAN
NEEST	NEXT
NIKKAY TAM'S	SHITE CATCHER TROUSER'S
NIVV	FIST
NEEPED	LEFT HIGH AND DRY
NIVEMBER	NOVEMBER
NAY A FUNK A WEEN	NO WIND

O

OO	WOOL
OPIN / OPINT	OPEN / OPENED
OKEE DOKEE	OK / ALRIGHT
ONNEY / ONNEYWUIY	ANY / ANYWAY
ONTAE	ONTO
OOT	OUT
OOR	OUR / HOUR
OWER	OVER
'O' / OV	OF
ORRAMIN	PIGMAN / DOES DIRTY JOB'S
ORRA	HORRIBLE LOOKING / DIRTY

149

Gordon Morrison

OXSTER	ARM PIT
OCH AYE	'O' YES
OPPEYSEET	OPPOSITE
ON THI BATTER THAT	A DRINKING SESSION CAN LAST FROM A FEW DAY'S TO SEVERAL WEEK'S

P

PREEN	PIN / SAFETY PIN
PULL'T	PULLED
PUKKUL	SOME / A LOT
PEETER'T OOT	FIZZLED OUT, RAN OUT, STOPPED
PUN	POUND IN WEIGHT
POWIN	POUND IN MONEY
PET / PETTEN	PUT / PUTTING
PEEL	PILL
PAIL	BUCKET
PEELEE WALLY	UNWELL LOOKING
PUDDLE	SMALL POOL OF WATER
PLAKSHEET	PLASTIC
PLUKKET	PLUCKED
PLOOK	A SPOT ON THE SKIN / ACNE
PINT / PINTER	PAINT / PAINTER
PEYNT GLAISS	PINT GLASS
PAKKET	PACKED
PEER, PEER SOWEL, PEER BREET	POOR, POOR SOUL, POOR BRUTE
PUNT	SMALL FLOATING PLATFORM
PRESS	CUPBOARD / CABINET
PUGGULT	VERY HOT

Thi Lyfe An Tyme's O An Enshoar Loon

PUDDICK	FROG
POOTCH	POCKET
PLUG, PLUGGIT, THUMPIT, CHEINT	PUNCH / PUNCHED
POODER	POWDER
PUNT'S / DRAWER'S	PANT'S / UNDERWEAR
POOER	POWER
PETRIK	PARTRIDGE
PIKTER	PICTURE
PINSUL	PENCIL
PARK	FIELD
POTTET HEED	POTTED HEAD
PIRKET UP	GETTING BETTER
POK A CHEYP'S	SMALL BAG OF CHIP'S
PEESE	SANDWICH, BISCUIT, PACKED LUNCH
PULLA	PILLOW
PAIRT	PART
PROOD	PROUD
PELLEN / FINSE	FENCE
PAAL / PAL	FRIEND
PRIGGIT	CONTINUALLY ASKED
PEIY'S	PEA'S
PAYST	PAST
PEEKEN	CRYING
PLUNT / PLUNTEN	PLANT / FUNERAL
PET EIH HUNNUL DOON	GIVE MORE THROTTLE
PEEK / PEEKET	CRY, LOOK, LOOKED
PEOM	POEM
PERNIKETAY	FUSSY
PLUNTEE	PLENTY
PLEESHER	PLEASURE
PEER	PIER
PLAPPET DOON	THROWN DOWN
PAN LOAF	SPEAKING ENGLISH / POSH
PLAPPEN	SOAKING
PIESIEN	POISON

Q

QWEER	STRANGE
QWATTER	QUARTER
QWINE / QWINIE	GIRL
QWEET / QWEET'S	SMALL SEABIRD / ANKLE'S

R

REIN / REINNEN	RUN / RUNNING
RACKET	LOUD NOISE / WRECKED
ROOIN'T	RUINED
RIPPER	RIPPING FOR COD WITH HAND LINE AND NO BAIT
RUMPIS / RUKKESS	A CROWD NOT BEHAVING
RAAN'S	FISH EGG'S
REEK, REEKIN, REEKET	SMOKE, SMOKING, SMOKED
RAID OOT	A MESS / TIDY UP
REED MAAD / REED COLOUR	REALLY ANNOYED / RED
RIPPIT	TORN
ROWDY	NOISEY
RANG	WRONG
RICHT	RIGHT
RANGNESS	SOMETHING NOT RIGHT
REEL	REAL
RAPPET	WRAPPED
ROON	ROUND
REEF	ROOF
RUDDICK / SMA PARTIN	SMALL EDIBLE CRAB
RIGGIT OOT	RIGGED OUT
RUMMULT	RUMBLED

Thi Lyfe An Tyme's O An Enshoar Loon

RAX, RAX'T, RAXET	TWIST, TWISTED, DAMAGED
RIST	REST / WRIST
ROWEN	ROWING / ARGUING
REYVULT	MIXED UP
REET'S	ROOT'S
ROASINT	VERY HOT

S

SCRAN / SCRAANEN	TRYING TO GET SOMETHING FOR NOTHING
SEIY	SEA
SHUNNER'S	THE WASTE FROM BURNED COAL
SHOOFTEE / SHIV	SHOVE
SYNE	BEFORE / IN THE PAST
SYNT	SIGNED
SHAYKUL	SHACKLE
SUNTEE	FATHER CHRISTMAS
SEEN / SEENER	SOON / SOONER
SKURL	SCAB
SEIT	SOOT
SIDDOON	SIT DOWN
SIK A SICHT	WHAT A SIGHT
SAIR	SORE
SKULERY	KITCHEN
SASSENAUCH	ENGLISH PERSON
STOVIE'S	STOVED POTATO'S
SOUTER	COBBLER
SPEEN	SPOON
SHOOR	ARE YOU SURE / SHOWER
SPUNK / SPUNKEE	MATCH STICK / GAME PLAYED WITH MATCH STICK'S

Gordon Morrison

SKUL	BOX FOR SHOOTING LINES OUT OF
SKITTER'S	DIHORREA
STRAMASH / STEER	A LOT HAPPENING AT THE SAME TIME / A LOT GOING ON
SCALLY	FOR WRITING ON SLATE
SHEEN	SHOE'S
SAP'S	BREAD AND WATER
SNAPPET	SNAPPED
SQWAAR	SQUARE
STARKER'S	NAKED
SCAFFIE'S / SCAFFIE'S BAG	BINMEN, BIN LINER, BIN LYNAAAW
STRANG	URINE
STEEMIN	MOVING THROUGH THE WATER, VERY DRUNK
SHEET, SHEETEN EIRON	SHOOT, SHOT, SHOT GUN
SAAN	SAND
SNA	SNOW
SCRAT / SCRATET	SCRATCH / SCRATCHED
SHAAKEN EIH PAAN	COOKING
STRIK	STRIKE
SNARCH	SNAKE
SPEEDRIK	SPIDER
STOOT	STOUT
SILLER	COIN MONEY
STOWIE	CORK FLOAT FOR SINGLE CREEL
SPAAD	SPADE
STEEL	STOOL
SHOW'S	CARNIVAL
SHARGERT	HAGGERET LOOKING / PUFFED OUT

Thi Lyfe An Tyme's O An Enshoar Loon

STOAT EIN EIH HEED	HEAD BUT
STOATET	BOUNCED OFF OF
SWEETIE'S	SWEET'S
SQUAART UP	GOT ONE'S PAY
STOKKER	CASHER / BOUNTY TO BE
SHARED	WITH THE CREW
SPROOT'S / SPROOTET	SPROUT'S / SHOT UP
SHOODER	SHOULDER
SHEER'S	SCISSOR'S
STUMMULT	STUMBLED
SOOR	SOUR
STAFF	WALKING STICK
SHAAK / SHAAKY DOON	SHAKE / A BED ON THE FLOOR
SPLOOSHED	SPLASHED
SHOOGUL	SHAKE
SMERK	CHEEKY SMILE
SPEYLT	SPOILED
SPLEETERT, SPIRKET, SPIRKEN	SMALL SPLASHES
SCUNNUL	SCANDAL
SHOAR	SHORE
SPRAALT OOT	LAID OUT
SQUIB'S	FIREWORK'S
SWYPIT	SNATCHED
SHOODNA / SHOODAV	SHOULD NOT / SHOULD HAVE
SPEEREET	SPIRIT
SHOOEN	SEWING
SEEN	SOON / SHORTLY
SMA	SMALL
SWINNUL / SWEYKET	SWINDLE / SWICKED
SOOK SOOKIT	SUCK / SUCKED
SOAKET / SAPPEN	SOAKED / VERY WET
SINT	SENT
SOON	SOUND
SEN / SEIN	SON / SUN
SEYLKEE	SEAL
SUPPER	ONE'S TEA
SCUNNERT / SCUNNER	FED UP

SCUPPERT	SCRAPPED
SCRAIPET	SCRAIPED
SIKKEN	SEEKING / WANTING
SAAT	SALT
STEEN	STONE
STREIY	STRAW
SKURRY / GULLY	SEAGUL
SKELP	TOO HIT
SLEEKIT	SLY
STEYT / STEYTET	STAGGER / BOUNCED OFF OF
STEER	STIR
SUP / SUPPIE	NOT MUCH
STAAN / STANNEN	STAND / STANDING
STOON	SORE / SHARP PAIN
STAPPET	FULL UP
SIKKENT	PUT OFF / HAD ENOUGH
SOOP	SOUP
STAMMEYGASKER	END UP WITH NOTHING, EMPTY, A MESS
SNICHER / SNICHERT	LAUGH BUT HOLDING BACK
SEEVE	SIEVE
SEEMEET	VEST
SARK	SHIRT
SOACHT / SOAT	ASKED FOR / WANTED
SAYL	SELF
SKIRL / SKIRLIE	SHARP NOISE / OATMEAL AND ONION STUFFING
SQWEEL	SCHOOL
SICHT	SIGHT
SCOOR	HIT, SCRATCH, DIHORREA
SWEIYTEN / SWEIYT	SWEATING / SWEAT
SHAAL	SHAUL, SHELL, SHALLOW
SCOFFEN / SKYVEN	BUNKING OFF
SRUMMULT AIG'S	SCRAMMBLED EGG'S
SAFT	SOFT
SPIK / SPIKKEN	SPEAK / SPEAKING

Thi Lyfe An Tyme's O An Enshoar Loon

SNOZZELET	DRUNK
STRUNGULT	STRANGLED
SPOOT	SPOUT
SPURGEE	SPARROW
STRIVVEN	FALLEN OUT
SAATESS HEED	SALTHOUSE HEAD
SQWANNERT	SQUANDERED
SKAAZ	BARNICLE'S
SHI / SHEEL	SHE, SHE WILL, SCOOP UP
STONNIE BROAK	PENNYLESS
SKUTCH	A HOOPED WIRE WITH A WOODED HANDLE USED TO WHIP SEAWEED FROM GILL NET'S
SMOAR THEIK	VERY FOGGY
SWALLAA	SWALLOW BIRD
SWALLIE	SWALLOW
SUNDAE	SUNDAY
SAITERDAE	SATURDAY
SIPTEMBER	SEPTEMBER
SLAITTER	SMALL FLAT INSECT
SLYDER	ICE CREAM BETWEEN TWO WAYFER'S
STRAYCHT	STRAIGHT
SHAG	TOBACCO
SPEERT	ASKED

T

THUNNER AN LICHTNEN	THUNDER AND LIGHTNING
TEEN A BAAK	SHOCKED
THROO THI BREE	BOILED TO LONG
THOCHT	THOUGHT

Gordon Morrison

THI GLAISS GLASS	BAROMETER / WEATHER
TAA	THANK YOU
THI MANNIE WEAR'S	THI SKIPPER / HE WHO THE HAT
TERRAFEET	TERRIFIED
TAMMY / TOORIE	WOLLEN HAT
THI WASHER	A NATURAL POOL NEAR
THE SEA	AT THE EAST SIDE OF BODDAM

LIGHTHOUSE, USED FOR SWIMMING BY THE BODDAMER'S

THI VERRA DUNT	THE VERY THING
THURSDAE	THURSDAY
TEETEN	SPYING
TEETEREN	ON THE EDGE
TEER	RIP
TEN BOAB	FIFTY PENCE
TELT / TELT YEA	TOLD / ONE TOLD YOU
THI HEELIN'S	THE HIGHLAND'S
TWA	TWO
TEEN, TAK, TEYK	TOOK / TAKE
TINT / DEED	DEAD
TIMMER	WOOD / TIMBER
TUN	TON / ONE HUNDRED
TAP	TOP
TATTIE	POTATO / TAYTIE
TUMMUL / TUMMULT	TUMBLE / TUMBLED
TEEM	EMPTY
TATTER'S	RIPED INTO PIECE'S
TRAP / TRAPPIE	LADDER ON THE PIER
TOON	TOWN
TRIKKET	HAPPY / CONTENT
TOOTEROO	DRUNK
THOOM	THUMB
TICHT	TIGHT
TOPPER'S, BEET'S, WAULDIE'S	WELLINGTON BOOT'S
TASH	MOUSTACHE
TYME	TIME

THI	THE
THEIY	THEY
TAE	TEA / TOE
TAE'S / TAY'S	TOE'S
TRAYVUL	TRAVEL
TUNGUL	KELP, TYPE OF SEAWEED
THREESH	THRASHED / BATTERED
THI VERRA DAB	THE VERY THING
TRIPPET UP	TRIPPED UP
TAYBUL	TABLE
TATTIE SOOP	POTATO SOUP
TROO	TRUE
TOOT	BLOW HORN
TOOL	TOWEL
THI BELT	THE STRAP USED FOR PUNISHMENT
TWA ABREEST	TWO A BREAST

U

UNKER	ANCHOR
UNKUL	UNCLE / ANKLE
UNNERSTAAN	UNDERSTAND
UNGERT	ANGRY
UMMEN	WOMAN
UNTEE	AUNTIE
ULL TRIKKET	UP TO NO GOOD / DEVILMENT
UKTOBER	OCTOBER

Gordon Morrison

V

VERRA	VERY
VANEESH'T	VANISHED
VRAATCH	CHEEKY RASCAL
VINT	VENT

W

WER / OOR	OUR
WURSET	WOOL
WARPET	WARPED
WINSDAE	WEDNESDAY
WURRIM	WORM
WURK / WURKET	WORK / WORKED
WIDNA	WOULD NOT
WANNY / WANY	FISHING ROD
WISSENT	SHRIVELD UP
WEER ROPE	WIRE ROPE
WIK	WEEK
WAATER	WATER
WEEN	WIND / WIN
WULL	WILL
WUPPET UP	TANGLED UP
WEET	WET
WICK	WEEK
WUN / EEN	ONE
WAKKET / WAAK	WALKED / WALK
WAKKINT	AWAKE
WINTEN / SIKKEN	WANTING
WINNER / WINNERT	WONDER / WONDERED
WEEL	WELL
WEESH'T	BE QUIET
WAA	WALL
WUNT / WUNTIN	WANT / WANTING

Thi Lyfe An Tyme's O An Enshoar Loon

WID, WIDDEN, WIDDAV	WOOD, WOODEN, WOULD, WOULD HAVE
WYFIE	WOMAN
WALLY'S	FALSE TEETH
WIS / WEIS	WAS
WEER / WEEREN	WARE / WARING OUT
WHAAL	WHALE
WITHER	WEATHER
WAIGHT	WEIGHT
WISSKET	WAISTCOAT
WAAR	WORSE / TYPE OF SEAWEED
WAARM	WARM
WALLEP	HARD HIT
WEESUL	WEASLE
WUIY	WAY
WINDAE	WINDOW
WEEMIN, WUMMEN, UMMEN	WOMAN
WHEEP	WHIP
WEIYT / WEIYTEN	WAIT / WAITING

Y

YEEL, YEE, YEA, YEED	YOU WILL, YOU, YOU WOULD
YAP, YAPPEN, YAPPET	TALK, TALKING, TALKED
YON / THON	THAT
YEER	YEAR / YOU ARE
YER	YOU ARE
YAWL	SMALL DEEP DRAUGHTED BOAT, ORIGINALLY BUILT FOR SAIL
YACHTIE	YAUGHT

Gordon Morrison

YARK / YARKET	TUG, PULL, TUGGED, PULLED
YOKAL	FARMER / COUNTRY PERSON
YALLA	YELLOW
YARN	TWINE FOR NET'S
YIRDIT / CLARTET	VERY DIRTY
YOO	YOU
YONNER	YONDER
YARK	A GOOD TUG
YOK, YOKKET, YOKKEN	START WORK / WORKING

UNSERS TAE FEISH QUIZ

1) Catfeish

2) Skait

3) Dab

4) Lemmen Soal

5) Staar Feish

6) Hairmet

7) Dog

8) Munk

9) Hirren

10) Coal

11) Sammen

12) Sturjin